A MEDIADORA DIVINA

A Mediadora Divina

ALDIVAN TORRES

aldivan teixeira torres

CONTENTS

1 - A Mediadora Divina 1

1

A MEDIADORA DIVINA

Aldivan Teixeira Torres
A mediadora Divina

Autor: Aldivan Teixeira Torres
©2018-Aldivan Teixeira Torres
Todos os direitos reservados
Aldivan Teixeira Torres

Este livro, incluindo todas as suas partes, é protegido por Copyright e não pode ser reproduzido sem a permissão do autor, revendido ou transferido.

Aldivan Teixeira Torres é um escritor consolidado em vários gêneros. Até o momento tem títulos publicados em nove línguas. Desde cedo, sempre foi um amante da arte da escrita tendo consolidado uma carreira profissional a partir do segundo semestre de 2013. Espera com seus escritos contribuir para a cultura Pernambucana e Brasileira, despertando o prazer de ler naqueles que ainda não tenham o hábito. Sua missão é conquistar o coração de cada um dos seus leitores. Além da literatura, seus gostos principais são a música, as viagens, os amigos, a família e o próprio prazer de viver. "Pela literatura, igualdade, fraternidade, justiça, dignidade e honra do ser humano sempre" é o seu lema.

Dedicatória

"Dedico o livro a toda a humanidade em especial aos pobres pecadores precisando de luz."

"Maria é aquela torre de Davi, de que fala o Espírito Santo nos sagrados Cânticos: 'Ao redor dela se elevam fortalezas; ali se veem suspensos mil escudos e todas as armas dos valentes' (Ct 4,4). Vós sois, portanto, Virgem Santíssima – como diz Santo Inácio Mártir – 'um escudo inexpugnável para aqueles que andam empenhados no combate'".

(Santo Afonso Maria de Ligório)

Introdução

A mediadora divina vem trazer em leves toques parte da história das aparições Marianas na terra. É um convite à reflexão interna e á análise do comportamento religioso fundamental para nós como cidadãos e cristãos do novo tempo.

Em cada mensagem dada pela nossa santa Mãe vemos uma mulher preocupada com o destino da humanidade em geral. Através do conhecimento deste contato podemos criar nova alma para Deus em busca da evolução tão esperada. Pois então: O que está esperando para vir abraçar esta conselheira querida? Uma boa leitura a todos.

SUMÁRIO

Nossa Senhora do Monte Carmelo Nossa Senhora do Monte Bérico

LIVRO DAS APARIÇÕES DA VIRGEM MÃE DE DEUS

Nossa senhora do Pilar

SARAGOÇA-ESPANHA-40 D.C.

Nos anos 40 D.C. o movimento cristão era cruelmente perseguido pelas elites judaicas com muitos cristãos sendo açoitados, presos e até mortos. Como alternativa a esta resistência, enviaram missionários a outras regiões objetivando expandir a propagação da palavra divina.

São Tiago Maior ficou incumbido de pregar na Espanha, país situado na Europa Meridional. Antes de partir, porém, marcou uma consulta a virgem Maria, considerada a mãe dos apóstolos. Os dois eram muito ligados por motivo de fé e do coração e não poderiam se separar sem uma despedida formal.

No dia e horário combinados, exatamente em Éfeso, na casa da mãe santíssima, ocorreu o encontro tão esperado.

—Vim me despedir e pedir seus conselhos, minha mãe—Disse São Tiago ao se aproximar da Virgem Mãe.

—Meu coração se alegra com sua visita, bom filho. Eis que deves conservar sua fé, ficar preparado ante as dificuldades, pregar a palavra com energia, força e espírito entre os pagãos. Quero que saibas da minha plena confiança em sua capacidade—Respondeu Maria.

—Agradeço as palavras, bendita! Que sinal me dás com relação a minha ida a Espanha? —Indagou Tiago.

—No momento certo, você verá. Meu desejo agora é que edifiques uma Igreja em meu nome na Espanha—Pediu a Iluminada.

—Seu pedido será concedido. Agora, deixe-me ir pois a viagem é longa—Disse Tiago.

—Vá na paz de Cristo, filho—Desejou Maria.

—Fique também na paz, minha mãe—Orou Tiago.

Tiago iniciou a longa viagem até a Europa. Ao chegar na terra prometida, mostrou-se incansável em seu trabalho apostólico. Em Saragoça, numa noite fria, estava reunido com seus discípulos quando foi surpreendido por vozes gritando: —Ave Maria, Gratia Plena! No instante posterior, ajoelhou-se diante da aparição que viu: Uma multidão de Anjos circundava a Mãe santíssima o qual se encontrava sentada sobre um pilar de mármore.

O grupo recitou um ofício poderoso emocionando os presentes os quais ajudavam na execução. Ao final deste evento, a mãe de Jesus entrou em contato:

—Eis aqui, meu filho, o lugar assinalado e destinado a minha honra, no qual, por teu cuidado e em minha memória, quero que seja edificada uma Igreja. Conserva este pilar onde estou assentada, porque meu filho e teu mestre enviou-o do céu pela mão dos anjos. Junto a ele assentarás o altar da capela, e nele obrará a virtude do altíssimo os portentos e maravilhas de minha intercessão para com aqueles que, em suas necessidades, implorarem o meu patrocínio, e este pilar permanecerá aqui até o fim do mundo, e nunca faltarão nesta cidade verdadeiros cristãos que honrem o nome de Jesus Cristo, meu filho.

—Assim seja, minha mãe—Prometeu Tiago.

Os anjos arrebataram a Senhora dos Céus deixando-lhe novamente em sua residência. Conforme ordenado, a capela dedicada a Iluminada começou a ser construída tendo como orientadores os discípulos de São Tiago pois o mesmo deslocou-se em direção a Jerusalém. No caminho, fez mais uma visita a virgem santa, sua melhor amiga. Ao ficar de frente com ela, os dois abraçaram-se e ao final desta ação começaram a conversar.

—Como está, minha mãe? —Indagou Tiago.

—Melhor agora com sua presença, filho do coração. Que boas novas traz da Espanha?

—As coisas acalmaram por lá. Conforme vosso pedido, sua Igreja está sendo construída—Informou São Tiago.

—Muito me alegra essa notícia. Deus nosso Senhor está satisfeito com vosso trabalho, meu filho. Porém, ainda não acabou. Tive visões ruins a seu respeito. Estou orando pelo seu melhor—Disse entristecida, Maria.

—Exatamente como foram essas visões? —Quis saber o curioso apóstolo de Jesus.

—Eu vi sua morte chegando. Peçamos força a nosso bom Deus e aceitemos o inevitável—Profetizou Maria.

—Estou pronto! Não me importa morrer pelo meu Senhor. Do que vale a vida sem Jesus? Eu mesmo respondo: Nada! —Respondeu Tiago.

—Tenho admiração por sua coragem. Antes de qualquer coisa, quero que saiba do meu amor por você como filho espiritual—Revelou a santa.

—Sinto o mesmo como você fosse minha verdadeira mãe. A morte não tem o poder de nos separar muito menos destruir nosso amor—Declarou-se Tiago.

Por impulsão, se abraçaram e se beijaram novamente. Naquele momento crítico de decisão, tinham aberto o coração um para o outro como nunca tinham feito. Era como tinham dito. Não havia nada que pudesse destruir o amor fraterno deles.

Despedindo-se finalmente, Tiago prosseguiu viagem até Jerusalém onde acabou sendo morto pelos opositores. Ele se juntava aos inúmeros mártires feitos pelo cristianismo por conta da perseguição religiosa.

MILAGRE DE NOSSA SENHORA DO PILAR

Era o ano de 1637. Miguel Juan Pellicer era um jovem camponês espanhol o qual trabalhava no sítio de seu tio na região de Castellón. Quando se deslocava ao seu trabalho, ocorreu-lhe um atropelamento tendo como resultado o faturamento de sua tíbia. Logo que foi encontrado pelo tio caído ao chão, foi levado ao hospital da cidade de valência onde teve um pronto atendimento.

Sua situação era grave e como na época tinham poucos recursos médicos ele foi enviado até Saragoça. Na ocasião, sua perna direita já gangrenara e a única solução foi amputá-la. Passaram-se vários meses e ele permanecia no hospital em tratamento. Quando recebeu alta, passou a viver em situação de rua na cidade de Saragoça. Diariamente, participava das missas ficando devoto de Nossa Senhora.

Dois anos depois, decidiu voltar para casa. Sua família alegrou-se ao vê-lo. Porém, como estava sem uma perna, não podia ajuda-los no trabalho o que de certa forma entristecia aquele jovem tão cheio de vida.

Uma noite, eles acolheram um soldado de cavalaria o qual estava de passagem pela região. Ofereceram-lhe um jantar e hospedagem porque a noite já se encontrava adiantada. O visitante acomodou-se no quarto de Miguel e o rapaz foi deslocado ao quarto dos pais.

Pela manhã, ao acordar, sentiram um forte perfume de rosas no quarto e ao desviar o olhar em direção ao filho perceberam nele algo completamente novo: Dois pés se mostravam na extremidade do seu corpo. Todos gritaram com surpresa e ao acordá-lo ele vibrou de alegria. Tinha ficado instantaneamente curado pela intercessão de Nossa Senhora do qual era devoto. A notícia se espalhou por toda região sendo comprovada como um verdadeiro milagre.

Nossa senhora das Neves

Roma- Ano 352 D.C.

Nesta época, Vivia em Roma um casal bem-sucedido temente a Deus e aos seus respectivos mandamentos. Por questões de infertilidade, não puderam ter filhos e não tendo para quem deixar sua grande fortuna resolveram doá-la a Igreja em consagração a Virgem santíssima.

Foi pensando neste projeto que certa noite teve um sonho onde Nossa Senhora repassou-lhe a seguinte mensagem:

—Edifica uma basílica na colina de manhã onde amanhã cairá neve.

Era o mês de agosto onde comumente na região fazia bastante calor. Por obra de milagre da Virgem Maria, nevou cobrindo totalmente o Monte Esquilino de neve. A notícia logo se propagou pelo mundo com a presença marcante das elites cristãs em visitação ao local. Conforme o desejo da Virgem, foi construída a Igreja dando-lhe o nome de "Nossa Senhora das Neves" por motivo do intrigante fenômeno climático ocorrido ali.

Nossa Senhora de Walshingham

Inglaterra-1061 D.C.

Tido como santuário nacional Inglês de veneração a Nossa Senhora, Walshingham apresenta uma bela história dentre as muitas relacionadas a mãe de Deus. Vamos conferir?

Maria santíssima apareceu em sonhos a Richeldis de Faverches levando-lhe espiritualmente até sua casa em Nazaré. Na ocasião, pediu encarecidamente a construção duma casa semelhante em Walsingham. Tendo este sonho se repetido por três vezes, finalmente o devoto da virgem pôs em execução o pedido.

Com dificuldades na conclusão do trabalho devido as medidas, ele recorreu aflito a santa. Milagrosamente, um santuário apareceu próximo ao lugar. Começou então as missas, os encontros apostólicos e os grupos de oração que ali se reuniam. Nestes momentos, relatam-se inúmeras curas, prodígios e livramentos.

A notícia de todos estes fatos percorreu o país trazendo ao local um grande número de peregrinos. Foram erguidas capelas no trajeto até o santuário sendo que atualmente ainda existem duas: Capela de Nossa Senhora da Colina Vermelha e "Capela dos chinelos".

Na história contada, houve um tempo em que essa veneração foi perseguida o que culminou na destruição da imagem de Maria. Três séculos depois, esta antiga tradição ressurgiu com o surgimento de vários grupos de apoio a devoção. Como consequência disso, refizeram a imagem além de reconstruir e ampliar o que restara do templo.

Através de Walshingam, o nome de nossa senhora é engrandecido na Inglaterra e em recompensa nossa amada mãe cuida muito bem de seus devotos ingleses com uma doçura inefável. Quem recorre ao seu nome não fica desamparado.

Nossa Senhora do Rosário

Prouille, França (1208)

Era um dia de domingo. Como de costume, encontrava-se de joelhos orando na capela de Prouille o pregador Domingos de Gusmão, um combatente ante as heresias. No momento de maior fervor da oração, eis que uma nuvem desce no templo dela saindo uma bela mulher com faces rosadas e resplandecentes. Ela assim lhe falou:

—Eu sou Maria. Venho entregar-lhe o rosário, chave da paz e da salvação humana. Alegro-me que o rezem todos os dias em honra do meu nome. Façam isso e prometo-lhe a queda dos inimigos e das heresias. Transmita isso aos demais irmãos.

Estendendo suas mãos, entregou-lhe a peça e sorriu. Em resposta, o devoto garantiu:

—Farei o que tiver ao meu alcance! Seu desejo será realidade.

A mulher retornou para nuvem e foi erguida até o mais alto dos céus sumindo da visão do seu servo. Domingos de Gusmão prosseguiu com seu trabalho tendo como resultado a eliminação das heresias. Mais uma vez o coração de Maria triunfou!

Nossa Senhora do Monte Carmelo

Aylesford, Inglaterra (1251)

Os mouros empreenderam uma forte perseguição aos cristãos. Diante deste contexto, os Carmelitas residentes no Monte Carmelo foram massacrados pelos inimigos. Os que conseguiram se salvar refugiaram-se na Inglaterra por volta de 1238 D.C.

O local escolhido para fundação do Mosteiro foi Aylesford, região de grande beleza natural. Mais uma vez enfrentaram resistência com relação a seu modo de viver e suas crenças. Com isso, a única opção que lhes restou a fim de conseguir sobreviver foi a oração. Foi exatamente o caminho que seguiu o prior geral dos Carmelitas conhecido como São Simão Stock.

Reza a tradição que numa noite de orações intensas ele recorreu à proteção da Virgem Mãe contra ás tribulações. Um destes rogos foi este famoso cântico:

"Flor do Carmelo, vide florida.
Esplendor do Céu. Virgem Mãe incomparável.
Doce Mãe, mas sempre Virgem,
Sede propicia aos carmelitas, Ó Estrela do Mar".

No momento que proferia esta oração, a virgem apareceu rodeada de anjos. Estendeu a mão e entregou-lhe o escapulário dizendo:

—Recebe meu filho muito amado, este Escapulário de tua Ordem, sinal de meu amor, privilégio para ti e para todos os carmelitas: quem com ele morrer, não se perderá. Eis aqui um sinal da minha aliança, salvação nos perigos, aliança de paz e de amor eterno.

—Obrigado, amada mãe. Prometo difundir este símbolo entre os irmãos carmelitas e consequentemente no mundo inteiro. Desta forma, seu nome será ainda mais glorificado entre os pecadores—Falou Simão Stock.

—Que suas palavras se realizem! Fique em paz! —Desejou a virgem Mãe.

Dito isto, elevou-se junto com os anjos ao céu bendito. A partir da aparição da santa, os Carmelitas não foram mais perseguidos com todos os cristãos procurando difundir o uso do escapulário. Este foi mais um prodígio da mãe de Jesus.

Nossa Senhora do Monte Bérico

Vicenza-Itália-1426

No período de 1404-1428 a cidade de Vicenza sofreu com uma das maiores crises de saúde de todos os tempos.Muitos tentando escapar da peste deixaram para trás todo um patrimônio e histórico cultural.Foi neste ambiente de incertezas que a mão de Deus agiu com firmeza.

Naquela época,vivia na cidade uma senhora chamada Vincenza Pasini.Todos os dias, a mesma subia o Monte Bérico levando a comida do esposo cujo trabalho era o de cuidar duma vinha.Numa dessas ocasiões,ao chegar no topo do morro,apareceu uma mulher resplandecente em sua frente trajada com vestido de gala como se fosse uma rainha.Assustada,a devotada cristã caiu ao chão diante de tanto esplendor. A bela dama se aproximou, abriu um sorriso e lhe acalmando ajudou-a a levantar.

—Eu sou a Virgem Maria, a Mãe de Cristo morto na cruz para a salvação dos homens. Peço-te que vás dizer em meu nome ao povo de Vicenza que construa neste lugar uma igreja em minha homenagem, se quiser recobrar sua saúde; do contrário, a peste não cessará.

A serva ficou estática e feliz diante da promessa. Por um bom tempo, a população clamava a Deus por misericórdia e finalmente ela havia chegado através de sua mãe. No entanto, ainda ficara em dúvidas como proceder.

— Mas o povo não acreditará em mim. E onde, ó Mãe gloriosa, poderemos encontrar dinheiro para fazer estas coisas?

— Insistirás para que esse povo execute a minha vontade, do contrário nunca será libertado da peste; e, enquanto não obedecer, verá meu filho irado contra ele. Para provar o que digo, que eles escavem aqui, e da rocha maciça e árida jorrará água; e, assim que se iniciar a construção, não faltará dinheiro.

—Que devemos esperar com a construção do santuário?

—Todos aqueles que visitarem esta igreja com devoção em minhas festas e em todo primeiro domingo do mês terão como dom a abundância das graças e da misericórdia de Deus e a bênção de minha própria mão materna.

—Fico feliz com vosso amparo. Farei como me pedes.

—Ainda bem! Tenho que ir agora! Fica em paz!

—Amém!

A virgem mãe suspirou e foi se elevando aos poucos sobre a montanha. Em alguns instantes, desapareceu completamente. Sozinha, a vidente foi cuidar das suas obrigações do dia. Assim que pode, espalhou a mensagem de Nossa Senhora. Entretanto, seus conterrâneos não fizeram caso do pedido. Estavam mais preocupados consigo mesmos do que pensar na relação com Deus.Com isso,a crise na saúde continuou.

Dois anos depois,a mãe de Deus reapareceu nas mesmas circunstâncias repetindo a mesma mensagem.Cumprindo com as recomendações,a serva de Deus repassou o comunicado e desta vez foi ouvida.logo após o início da construção,houve uma melhora parcial no estado sanitário da cidade e com a conclusão da obra houve a completa melhora.Isto demonstra a providência divina em favor dos seus filhos.Que o nome de Maria seja engradecido cada vez mais por este grande prodígio na Itália.

Nossa Senhora de Caravaggio

Itália-1432

Caravaggio é um município Italiano situado na divisa entre os estados de Milão e Veneza. Esta época foi marcada por disputas políticas e religiosas, agitação, perseguições aos hereges e grandes criminalidades. Além disso, viveu o tumulto da guerra entre dois estados: A república de Veneza e o Ducado de Milão.

Dentro deste contexto catastrófico, aconteceu a aparição da virgem Mãe de Deus. Foi num prado chamado Mezzolengo a uma camponesa sofredora chamada Joaneta Varoli. Ela estava num momento de oração quando visualizou uma mulher se aproximando com aparência duma rainha. Ao chegar bem perto, ela se manifestou:

—Sou a mãe de toda a humanidade. Tenho conseguido afastar do povo cristão os merecidos castigos da divina justiça, e venho anunciar a paz.

—O que devemos fazer para que continuemos amparados por sua graça? Indagou Joaneta.

—Voltem a fazer penitência, jejum nas sextas-feiras, orem na Igreja no sábado à tarde em agradecimento pelo livramento dos castigos e edifiquem uma capela em honra do meu nome neste local—Pediu a Imaculada.

—Que sinal dás ao teu povo para que creiam em suas palavras? —Perguntou a serva.

—Este aqui! —Diz Nossa Senhora.

No mesmo instante, brota dos pés da Virgem uma fonte de água límpida.

—Quem beber dessa água alcançará a paz e a cura de suas enfermidades—Prometeu a mãe divina.

—Nossa Senhora, quero pedir uma coisa: Com a Vossa Intercessão junto ao Nosso bom Deus, não poderia dar fim a esta guerra em nosso país e resgatar o bom convívio na Igreja? —Questionou esperançosa a devota.

—Todos os dias eu rogo por isso, minha filha. Para essa tarefa, preciso de sua cooperação. Quero que vá de encontro aos governantes em meu nome buscando selar o acordo de paz. Com fé em nosso Deus, conseguiremos. Posso contar contigo? Perguntou a miraculosa Maria.

—Com certeza, minha mãe. Cumprirei esta tarefa com todo prazer—Garantiu a pequena humilde.

—Fico feliz. Agora tenho que ir a cumprir minhas obrigações nos céus. Fique em paz! —Desejou Maria.

—Amém!

Joaneta deslocou-se do campo até para sua casa pensando em tudo que tinha sido dito por Nossa Senhora. Não tardou muito para colocar o plano da Rainha em prática visitando os lados dissidentes da guerra e os opostos da Igreja. Como sinal da aparição da Virgem, apresentava a água sagrada. Com isso, muitos milagres foram relatados. Com o passar do tempo, obteve êxito restabelecendo a paz na Itália e na Igreja.

Nossa Senhora da Penha de França

Serra Penha de Franca-Espanha-1434

HISTÓRIA

A Serra nomeada "Penha de França" é uma Montanha alta e íngreme. Localizada na província de Salamanca-Espanha, é um dos locais onde as obras de Nossa Senhora se apresentaram aos homens.

No ano de 1934, O viajante Francês Simão Vela teve um sonho inspirador. Ele viu a imagem de Nossa Senhora enterrada no topo do dito fenômeno demográfico. O motivo teria sido as guerras religiosas entre cristãos e Muçulmanos as quais obrigavam os devotos marianos esconder suas imagens. Na visão dele, a virgem lhe sorria cheia de luz e acenava para que o fiel fosse a sua procura.

Certo de estar diante duma missão, o devoto de Deus se entregou a uma viagem. Durante cinco longos anos procurou por todos os locais encontrar o referido local. Pela graça divina, finalmente teve uma indicação referente a isso. Cheio de esperanças, de confiança e fé em Nossa Senhora seguiu as orientações.

A caminhada foi longa. Durante três dias de esforço quase contínuos, o fiel manteve-se crente em sua visão. No percurso, enfrentou as adversidades, os perigos, as emboscadas do maligno, animais ferozes, o clima instável e o próprio desconforto da subida.

Numa das breves paradas de descanso, uma jovem lhe apareceu carregando um menino no colo.

—Quem é você? O que faz aqui neste local deserto? —Questionou o viajante.

—Eu sou a Penha. Como se chama e o que procura?

—Meu nome é Simão. Tive um sonho com uma imagem da Iluminada. Desde então, percorro o mundo em busca de encontrá-la. Já se passaram cinco anos.

—Fé e força. Está no local certo. Procure do lado direito do noroeste do topo. A imagem está enterrada próximo duma gruta.

—Quer dizer que...

—Sim, eu sou a Iluminada.

O homem se apequenou diante da aparição. Tremendo e ofegante, não tinha reação diante de tamanho milagre. Por que ele? Um simples homem diante de tantos.

—Eu não mereço tamanha cordialidade.

—Bendita seja sua humildade. Veja a obra do Senhor em sua vida como um sinal.

—Está bem!

—Fique em paz!

Elevando-se aos seus olhos, a virgem prudentíssima acenou em despedida. Logo que desapareceu entre as nuvens, o servo continuou com a caminhada mais animado. Ao se aproximar do topo, encontrou com um pastor trajado com um vestido branco, pele morena, alto e forte. Eis uma boa oportunidade, pensou intimamente.

—Como se chama, Senhor? —Perguntou Simão.

—Francis e você?

—Simão.

—O que deseja, Simão?

—Eu sou da França. Cheguei aqui através dum sonho. Segundo indicações, a imagem que procuro está localizada no noroeste do topo, próximo da gruta. Poderia me ajudar?

—Sei onde fica. Terei o maior prazer em ajudar.

—Obrigado.

—Vamos, então?

—Sim.

A dupla seguiu na direção indicada. Passo a passo, vão superando os obstáculos do caminho com a certeza da bênção divina. Não viam a hora de concluir a jornada. Desde que começou esta viagem louca, Simão nunca se sentira tão confiante como agora. É como diz o ditado: "Tudo é no tempo de Deus". Ao longo desta trajetória interessante, sofreu, chorou, riu, se emocionou e acima de tudo, teve fé imbatível na Virgem Divina. Agora, estava bem próximo da recompensa.

Quinze minutos depois, alcançaram o topo. Alguns metros adiante, param no local designado. Os dois começam a cavar. Com uma hora de trabalho, veio a recompensa.

—Veja, Simão! Que imagem linda arrancamos. Como iremos chama-la?

—Nossa Senhora da Penha de França. Ela é maravilhosa mesmo.

—O que pretende?

—Vamos construir uma Ermida para ela. Pode me ajudar?

—Claro que sim. À disposição.

—Muito obrigado. Então mãos à obra.

A dupla se engajou no projeto com toda motivação. Ao final, tiveram êxito. Mais tarde, foi construído no mesmo local um santuário em honra de Nossa Senhora da Penha. Por intermédio desta invocação particular, muitos milagres foram alcançados pelos cristãos.

MILAGRE

Portugal e Espanha haviam sido afetados por uma peste devastadora parecendo não ter solução. Como último recurso de salvação, O senado da Câmara de Lisboa recorreu a Virgem Santíssima. Como ato de agradecimento, construiriam um templo em honra de Nossa Senhora da Penha. Logo após o pedido, a epidemia foi controlada cessando em seguida. A promessa feita foi cumprida. O templo atraiu milhares de fiéis em busca de socorro para seus males físicos e espirituais. Um deles, tendo adormecido na subida do Alto Da Penedia, foi atacado por uma cobra. Antes que fosse atingido, um lagarto caiu sobre o fiel despertando-o a tempo de matar a cobra. É por isso que a imagem tradicional de Nossa Senhora da Penha traz aos pés da virgem um peregrino, a cobra e o lagarto.

Aspectos da devoção no Brasil

Em são Paulo Capital, a primeira capela foi erguida em 1667.Ao derredor da mesma desenvolveu-se um bairro importante nomeado Penha de França em homenagem a santa. Atualmente, existem dois templos em honra a santíssima neste bairro.

A santa também é padroeira de Resende Costa-MG. Reza a lenda, em 1830, que o vigário da paróquia costumava ir a chácara de Dr.Gervásio. Lá, sua ocupação era esculpir a imagem da santa. Depois de pronta, realizou-se a procissão deslocando a imagem esculpida até a matriz. Posição esta ocupada até os dias de hoje.

Outro destaque de devoção ocorre em Itapira-SP. O responsável por isso foi um dos fundadores da cidade. João Gonçalves de Morais derrubou a mata onde atualmente abriga a construção de uma capela em honra de Nossa Senhora da Penha. Tornou-se a padroeira da Vila e nos dias atuais também da cidade.

Nossa Senhora do Paraíso

Vale do Paraíso-Portugal-1480

Em certo dia, um pastor que regularmente conduzia seus rebanhos na região, encontrou uma pequenina imagem de Maria próxima ao tronco dum sobreiro. A imagem refletia uma luz límpida e sagrada o que lhe deixou um pouco com medo. Ao tentar se aproximar da imagem, não conseguiu, pois, a luz era bastante intensa.

Foi então contar o ocorrido ao pároco de sua cidade. Juntamente com ele, desceram em busca de pegar a imagem. Desta feita, conseguiram seu intento levando o objeto sagrado até a Igreja local. Quando isso ocorreu, era ainda parte da tarde com o templo sendo fechado.

Á noite, ao abrirem as portas do edifício, encontraram o local deixado pela imagem vazio. Quando foram procurar, encontraram a imagem no mesmo local de antes. Pela segunda vez, levaram a imagem de volta ao santuário. No entanto, esta estratégia não adiantou pois novamente a imagem sumiu. Tentaram levar a imagem pela terceira vez com o mesmo fenômeno ocorrendo. Foi nesta hora que perceberam ser o local da imagem próximo ao tronco do sobreiro.

Construíram uma Ermida em honra da santa no local. Desde então, há relatos de muitos milagres por intercessão de Maria. Nossa Senhora do Paraíso ficou conhecida em Portugal e em todo o mundo.

Nossa senhora de Guadalupe

México-1531

A descoberta das Américas propiciou tanto uma corrida financeira quanto a uma corrida religiosa objetivando a conversão dos Indígenas. Juan Diego era um destes últimos tendo uma devoção especial por Nossa Senhora. Numa das vezes em que caminhava na colina de Tepayac, encontrou-se com uma bela mulher cercada por uma luz bastante intensa. Ela iniciou o contato:

—Juanito, menor dos meus filhos, fica sabendo que sou Maria, sempre Virgem, Mãe do Deus verdadeiro que dá vida e mantém a existência. Ele criou todas as coisas. Ele está em todos os lugares. Ele é o Senhor do Céu e da Terra. Eu desejo que seja construído um templo para mim neste lugar, onde o teu povo possa experimentar a minha compaixão, auxílio e proteção. Todos os que sinceramente pedirem a minha ajuda em suas tribulações e dores conhecerão meu Coração Maternal neste lugar. Aqui eu verei as suas lágrimas; consolá-los-ei e eles encontrarão paz. Por isso, corre agora a Tenochtitlan e conta ao Bispo tudo o que aqui viste e ouviste.

—Farei como me pedes! —Prometeu Juan.

—Fico feliz com suas palavras. Com minha bênção, me despeço por ora—Falou a nossa mãe.

Imediatamente, o jovem indígena foi cuidar do cumprimento do pedido. Neste instante, ainda se encontrava receoso com relação ao modo como transmitiria esta mensagem tão importante e se seria digno dela. Restava a certeza de que se esforçaria ao máximo na missão. Ao chegar ao palácio, pela manhã, agendou uma entrevista com o bispo local.

A manhã acabou e somente no fim da tarde foi recebido pela autoridade. Os dois se reuniram no escritório particular do palácio, um local bem decorado com abundância de cores, quadros e esculturas religiosas. Enfrentando um clima de desconfiança, o humilde servo tomou a palavra:

—Senhor Bispo, venho lhe falar em nome de Nossa Senhora. Ela deseja a construção dum templo na colina de Tepayac.

—Em nome de Nossa Senhora? Como se deu isto? —Indagou curioso o bispo.

—Ela própria me apareceu na colina me transmitindo estas palavras—Informou o índio Asteca.

O bispo fez uma cara de riso. Aparições? A um Pagão? Na sua mentalidade, se uma pessoa tivesse sido escolhida no México para receber esta visão esta pessoa seria ele e não um índio qualquer. Por isso, não deu crédito ás suas palavras. Contudo, no intuito de não desapontar sua fé, prometeu:

—Vou tomar em consideração o pedido de Nossa Senhora. Caso queira, poderá me visitar em outra oportunidade.

—Está bem—Respondeu Juan.

Saindo do palácio, o pequeno servo direcionou-se a colina onde se encontrou novamente com a estranha senhora. Ele estava decidido.

—Por favor, Maria, escolha outra pessoa para esta missão. O bispo nunca há de ouvir um pobre indígena.

—Ouve, filho meu, o mais desamparado: sabe em teu coração que não são poucos os meus servidores e mensageiros, a quem posso dar o encargo de levar o meu pensamento e minha palavra para que cumpram minha vontade. Mas é de absoluta necessidade que sejas tu mesmo a ir e a falar disso, e que precisamente com tua mediação e ajuda se faça realidade meu desejo e minha vontade.

—Como faço então?

—Vá falar com o bispo amanhã e reitere o pedido.

—Está bem. Prometo que irei.

No outro dia, conforme combinado, chegou novamente ao palácio. Como da primeira vez, teve que esperar por horas até ser atendido na mesma sala de antes.

—Você de novo aqui? O que deseja? —Indagou o bispo.

—Venho insistir com o pedido de Nossa Senhora. Quando começará a cumpri-lo? —Indagou Juan.

—Como quer que eu acredite? Que provas tenho de que você é mesmo o enviado dela? —Replicou o bispo.

—Não são vocês que falam tanto da fé? Por que não aplicar neste caso? —Pressionou Juan.

—Não mesmo. São coisas totalmente diferentes. Vá e não volte até que tenha provas do que diz. Está certo? —Deu um ultimato o bispo.

—Fazer o quê? Não tenho alternativa a não ser aceitar a condição—Refletiu o índio.
—Pois bem. Boa sorte! —Concluiu o bispo.
Juan deixou o palácio retornando a sua residência. Lá, encontrou seu tio bastante doente. Durante dois dias, ele fez de tudo ao seu alcance visando a melhora do tio. Porém, nada surtiu efeito e ele só piorara. Com o doente desenganado, o primeiro foi procurar um sacerdote para dar-lhe a extrema unção.

Obrigatoriamente, ele teria que passar pela colina de Tepayac. Mas como estava muito ocupado, ele evitou o local onde encontrou a santa virgem para não ser interrompido por ela. Assim foi feito. Mesmo assim, a senhora se antecipou mudando sua rota. Desta forma, aconteceu o encontro inevitável.

—Aonde vai, Juan, com tanta pressa? —Indagou a bela mulher.
—Vou procurar um sacerdote. Quero que meu tio receba a extrema unção pois está muito doente—Informou o indígena.
—Ouve e guarda em teu coração, filho meu, o mais desamparado: é nada o que te assusta e abate; não te perturbes, não temas essa enfermidade, nem qualquer outro padecimento ou algo angustioso. Acaso não sou eu a tua Mãe? Não estás sob minha sombra e proteção? Acaso não sou eu a tua fonte de vida? Não estás na dobra do meu manto, justamente onde cruzo os meus braços? Que nada te angustie nem te cause amarguras. Que a enfermidade de teu tio não te aflija. Porque não há de morrer dessa doença. Crê no teu coração que ele já está curado—Garantiu a nossa mãe.
—Eu creio! Quanto ao que me pediu, minha mãe, o bispo exige de ti uma prova. O que faço? —Indagou Juan.
—Sobe, filho meu, o mais desamparado, colina acima, e ali onde me viste e onde te dei ordens, nesse mesmo lugar verás diversas flores desabrochadas; corta-as, junta-as, reúne-as em

teu manto, e desce logo para cá, trazendo-as a mim—Pediu Maria.

—Agora mesmo, minha mãe.

Dito isto, Juan subiu até a colina onde colheu as flores. Descendo junto a Maria, mostrou-lhe as flores e ela os rearranjou em seu manto, dizendo:

—*Filho meu, o mais desamparado, essas flores são a prova, o sinal que levarás ao Bispo. Dirás a ele que nelas veja o que eu quero e com isso realize a minha vontade. Tu és o meu embaixador, em ti ponho a minha confiança. Ordeno-te fortemente que só na presença do Bispo abras a tua manta e descubras o que levas. Contarás tudo, dirás a ele como te mandei subir ao topo da colina e tudo o que viste e admiraste. Com isso vais mudar o coração do senhor Bispo, para que faça o que estiver ao seu alcance para erguer o templo que lhe pedi.*

—Assim seja minha mãe! Em mim encontra um servo fiel e dedicado. Irei agora mesmo cumprir sua vontade—Garantiu Juan.

—Fico feliz diante de sua dedicação. Minha graça sempre permanecerá contigo!

—Assim seja, minha mãe!

—Adeus, meu filho!

—Até!

Os dois se separaram com o índio indo cumprir com sua obrigação. Novamente entrou em reunião com o bispo local.

—Venho a mando de Nossa Senhora. Encontrei com ela novamente e me pediu para que eu subisse na colina. Eu colhi algumas flores o qual ela rearranjou no meu manto. Eu vos trouxe para mostra-lo diante de ti. É exatamente o sinal que pedistes—Confirmou Juan.

—Então me mostre! —Pediu o bispo.

Abrindo o manto, mostrou-se uma bela imagem de Nossa senhora. Imediatamente, o bispo caiu por terra de Joelhos. Era um milagre quebrando de vez a resistência de sua incredulidade.

—Bendita seja a Vossa Mãe o qual te enviou aqui. Da minha parte, prometo me esforçar no cumprimento de seu pedido. Perdão por ter desconfiado tanto! —Disse o bispo.

—Peça perdão a Nossa Senhora! Uma maneira de remediar sua falta de fé é construindo o templo—Lembrou Juan.

—Assim espero! Muito obrigado pela insistência! —Elogiou o sacerdote.

—Por nada! —Disse Juan.

—Posso fazer um pedido? —Perguntou o bispo.

—Pode! —Disse Juan.

—Leve-me até o local onde apareceu nossa mãe. Quero respirar também este ar de santidade! —Suplicou o apóstolo.

—Amanhã! Hoje tenho obrigações a fazer! —Informou Juan.

—Compreendo. Então fica marcado para amanhã—Confirmou o bispo.

—Sim. Até! —Disse o servo de Nossa Senhora.

—Até! —Despediu-se o reverendo.

Saindo dali, o índio direcionou-se para casa. Chegando lá, encontrou seu tio totalmente saudável conforme tinha falado a santa. Ele se encheu de alegria.

—O senhor está bem, meu tio! Bendita seja Nossa Senhora que te curou!

—Estou muito bem. Nossa senhora? Teria sido uma senhora cheia de luz o qual me visitou agora pouco? Ela me contou como tinha falado com você e o enviado a Tenochtitlan. Nomeou-se como "Virgem Santa Maria de Guadalupe".

—É ela mesma!

—Abençoada Seja! Transformou nossas vidas para sempre.

—Verdade! Seu nome ficará engrandecido ainda mais em toda terra!

Os dois se abraçaram dando glórias a Deus. Agora que tudo estava bem, o pedido de Nossa Senhora seria cumprido e a paz reinaria na América. Com a divulgação dessa notícia, muitos astecas converteram-se ao Cristianismo.

Nossa Senhora de Kazan

(Kazanskaya – Rússia) -1579

Era o ano de 1579. Kazan, na época, já era uma cidade predominante católica com várias Igrejas e Mosteiros. Entretanto, o grupo enfrentava resistência dos pagãos e muçulmanos. A fim de auxiliar os cristãos, a força de cima manifestou-se com poder e glória no evento descrito a seguir.

No início de junho de 1979, a cidade sofreu com um incêndio muito destrutivo deixando a metade da cidade em cinzas. Dentre as casas destruídas, estava a da pequena matrona. Sua residência foi reconstruída e numa das primeiras noitadas sob seu teto teve um sonho profético. No sonho, a mãe de Deus indicou o local onde estava enterrado o seu ícone e ordenou-lhe que contasse o fato aos arcebispos e magistrados.

A menina contou o caso à sua mãe. Porém, esta não lhe deu atenção. Com a repetição do mesmo sonho por três vezes, acabou se convencendo. Elas levaram a notícia até o Arcebispo e aos funcionários municipais. Foi a vez destes de não lhe dar crédito.

Seguindo seu instinto, a mãe de Matrona pegou a pá começando a cavar no local designado pela virgem. Com um bom esforço, miraculosamente encontrou o ícone de Nossa Senhora Blakhernae. A notícia se espalhou por toda a região com os descrentes pedindo perdão a rainha dos céus.

O ícone foi então transferido em procissão até a catedral da anunciação, numerosos milagres aconteceram durante a peregrinação dos visitantes à cidade. Depois disso, levaram o ícone para Moscou. A partir daí, toda Rússia foi abençoada pela mão da poderosa Virgem.

Nossa senhora do Bom sucesso
Equador-1594

Em 1563, nascia Madre Mariana de Jesus Torres na província de Viscava, Espanha. Menina doce e meiga, assim que se entendeu de gente teve uma boa formação intelectual e religiosa. Sua aplicação aos estudos lhe rendia elogios dos pais e mestres. Com treze anos, teve permissão de abandonar o país junto com sua tia indo morar no Equador.

Iniciou-se a fase de aparições onde sua mediunidade se desenvolveu. Frequentemente, via santos, anjos e demônios. As mais destacadas delas se referem as da santa Mãe de Deus.

Na primeira aparição, Madre Mariana estava caída por terra, lamentando a situação de sua colônia. Suplicava, pois, a ajuda do altíssimo. Foi quando escutou uma voz lhe chamando. Ao direcionar a visão para a voz, viu então uma grande claridade e dentro dela reconheceu Nossa Senhora carregando Jesus no braço esquerdo e no outro, um báculo de ouro. A mulher tomou a iniciativa.

— Sou Maria do Bom Sucesso, Rainha dos Céus e da Terra. Tuas orações, lágrimas e penitências são muito agradáveis a nosso Pai celestial. Quero que fortaleças teu coração e que o sofrimento não te abata. Tua vida será longa para glória de Deus e de sua Mãe, que te fala. Meu Filho Santíssimo te presenteia com a dor em todas as suas formas. E, para infundir-te o valor que necessitas, toma-o de meus braços nos teus.

A santa entregou o menino Jesus em seus braços. Uma inefável experiência se iniciou aí com a serva nutrindo o íntimo desejo de consolar o cristo em sua paixão.

—Glorioso seja o Senhor e bendita seja a virgem que o gerou. Em que posso servi-la? —Indagou a serva.

—Farei de você a porta-voz dos fatos futuros. Desta maneira, ficarei ainda mais engradecida pela obra do nosso Deus—Revelou a nossa mãe.

—Estou pronta! —Disponibilizou-se Mariana.

—Fico muito feliz! Agora tenho que ir! Voltarei oportunamente—Disse a Virgem.

—Vá em paz, minha mãe! —Desejou a empregada.

A virgem santíssima retomou seus filhos nos braços e envolvida numa luz incandescente foi se elevando aos céus a olhos vistos. Começava aí a série de aparições marianas no Equador.

APARIÇÃO EM 16/01/1599

Era uma noite fria e tempestuosa quando Nossa Senhora se manifestou a Madre Mariana na privacidade do seu quarto. Ela mostrou-se da mesma forma que a outra vez vinda numa chama de Luz intensa rodeada por anjos.

—Venho trazer-lhe notícias sobre o futuro como tinha prometido. Primeiramente, esta pátria deixará de ser colônia e será República livre, conhecida pelo nome de equador. Então necessitará de almas heroicas para sustentar-se através de tantas calamidades públicas e privadas.

—Isso é bom ou ruim, minha senhora? —Indagou a serva.

—Tem seus prós e contras. Em verdade, ser uma pátria livre exige uma grande maestria dos seus governantes. Por sorte, este país terá. Surgirá, no século XIX, um presidente verdadeiramente cristão, varão de caráter, a quem Deus Nosso Senhor dará a palma do martírio na praça onde está meu convento. Ele consagrará a república ao divino coração de meu filho santíssimo e esta consagração sustentará a religião católica nos anos posteriores, os quais serão aziagos para a igreja.

—Entendo como deve sentir-se feliz. Mas não queria uma glória também para ti? Perguntou Mariana.

—Minha glória chegará em breve. Será proclamada pela Igreja os dogmas da minha Imaculada conceição e da assunção. Com isso, meu nome brilhará cada vez mais embora a nossa busca seja para engradecer o nome do Senhor em primeiro lugar, minha filha. Como meu filho disse, quem quer ser grande que seja o servidor de todos. Humildade é uma grande virtude a ser cultivada pelo povo.

—Entendi, minha mãe. Prometo da minha parte o seguimento desta virtude juntamente com os ensinamentos do nosso Cristo.

—Muito bem! Tenho um pedido a fazer: É vontade de meu Filho Santíssimo que tu mesma mandes executar uma estátua minha, tal como me vês e a coloques sobre a cátedra da Priora. Colocareis em minha mão direita o báculo e as chaves da clausura, em sinal de minha propriedade e autoridade. Colocarás em minha mão esquerda o meu Divino Filho. Eu mesma governarei este meu Convento—Asseverou a Imaculada.

—Fico honrada por essa missão particular. Isso se concretizará no tempo de Deus—Observou a pequena Mariana.

—Tenho plena confiança nisso—Disse a nossa mãe.

—Bendito seja o Senhor por me conceder este privilégio de saber todas estas coisas— Agradeceu a Mariana.

—Fique em paz! Voltarei outra hora e conversaremos mais—Concluiu a Senhora dos espíritos.

Dito isto, a santa Mãe de Deus retirou-se junto com seus anjos deixando a devota pensativa. Que mais coisas Deus preparava para o mundo?

ANOS POSTERIORES

Madre Mariana concentrou-se nos trabalhos do Senhor nos anos seguintes. Contudo, a promessa feita diante de Nossa Senhora ainda não fora cumprida. Por essa omissão, ela sofreu intensos martírios espirituais. Até que a providência divina a destinou a contratar o escultor Francisco Del Castilho.

Durante quase o ano o mesmo se esforçou em elaborar o trabalho tido como uma graça por ser católico e presidir uma família cristã. Em nove de janeiro, considerou o trabalho quase pronto. Faltava apenas uma última demão de pintura. Entregou a imagem aos cuidados das freiras do convento.

Na madrugada deste mesmo dia, o sobrenatural agiu. Ouvindo vozes e vendo luzes no coro, as religiosas se aproximaram e ficaram espantadas com o que viram: Uma imagem artisticamente trabalhada ganhando forma. Em êxtase, foi permitido a Madre Mariana saber que os autores da finalização deste trabalho foram São Francisco além dos Arcanjos Gabriel, Miguel e Rafael.

No outro dia, o escultor da obra se impressionou com o resultado final. Assinando um documento, afirmava ser a imagem obra dum milagre e não de sua própria capacidade. Com isso, a notícia da escultura sobrenatural propagou-se pelo país.

APARIÇÃO EM 02/02/1634

Terminado o jantar no convento, as religiosas punham-se a conversar na sacristia quando um apagão de luz lhes obrigou a se recolher mais cedo. Madre Mariana, na quietude de seu quarto, recebeu a inesperada visitada de nossa santa Mãe da mesma maneira como ela se apresentou das outras vezes.

—Eu sou a Nossa Senhora. Tenham este apagão como símbolo da Igreja no século XX. A Igreja de meu filho estará eclipsada a partir do século XX. São estes os cinco significados da luz que se apaga: Ampliação das heresias deixando as almas descrentes; haverá uma catástrofe espiritual no convento e em extensão na Igreja inteira; A impureza tomará conta do mundo predominando a banalização da sexualidade; será corrompida a inocência das crianças e o clero entrará em crise e, por último, virá o Laxismo com o bem sendo menosprezado. Neste contexto, os bons valores estarão profundamente prejudicados.

Lágrimas caem do rosto de Nossa Senhora perante a maldade da humanidade. Mariana chora junto tentando achar um consolo diante destas profecias.

—Posso saber mais detalhes sobre isso, minha mãe? —Pediu a bem-aventurada serva.

—Haverá uma quase total corrupção de costumes e Satanás reinará por meio das seitas maçônicas. Dentro da Igreja, os sacramentos serão profanados, abusados e postos em contradição. Estou muito triste pela falta de fé das almas da época, a diminuição das almas religiosas e a falta de cuidado com as questões espirituais—Explicou a mãe de Jesus.

—Não entendo uma coisa, minha mãe. O que quer dizer sobre a profanação dos sacramentos dentro da própria Igreja? —Indagou preocupada a vidente.

—Há uma previsão de apostasia. Dentro da Igreja católica, o mau comportamento de sacerdotes de alta hierarquia comprometerá o espírito da religião. Tempos difíceis virão, quando justamente aqueles que deveriam defender os direitos da Igreja ficarão cegos. Sem temor servil ou respeito humano, eles se juntarão aos inimigos da Igreja para ajuda-los a realizar seus projetos—Disse a iluminada.

—Fico muito triste. Que esperança temos então? —Clamou Mariana.

— A esperança está em nosso Deus o qual nos promete o seguinte: "Mas quando eles aparecerem triunfantes e quando a autoridade abusar de seu poder, cometendo injustiças e opressão aos fracos, a sua queda estará próxima. Paralisados, eles cairão ao chão—anunciou a virgem.

—Glória ao Senhor por todo o sempre! —Disse satisfeita a beata.

A Senhora do Bom sucesso deu um leve sorriso de satisfação. Em seguida, entregou em seus braços o menino Jesus para que carregasse ele no colo por alguns instantes. O menino Jesus lhe revelou particularmente o seguinte:

—O dogma de fé da Imaculada Conceição de Minha Mãe será proclamado quando mais combatida estiver a Igreja e encontrar-se cativo meu Vigário. Do mesmo modo será proclamado o Dogma de fé do Trânsito e Assunção em corpo e alma aos Céus de minha Mãe Santíssima.

—Que bom! Bendita seja sua mãe! —Alegrou-se a serva.

Ao devolver Jesus a mãe, os dois desapareceram numa coluna de fumaça. Instantes depois, a vidente pôs-se a dormir porque estava muito cansada.

ÚLTIMA APARIÇÃO EM 08/12/1634

Em mais uma noite escura, a beata Mariana recebe a visita da santa virgem com a mesma aparência das outras vezes. Assim que chega, anuncia:

—O meu culto sob a consoladora invocação do Bom Sucesso será a sustentação e salvaguarda da Fé na quase total corrupção do século XX.

—Grande Mãe. O que seria de nós sem sua santa proteção? Em que termos pesa mais a corrupção dessa época? —Perguntou a médium.

— A decadência atingirá em cheio o clero ao longo do século XX. Contraposto a isso, aparecerá entre eles um grande sacerdote de Cristo. Os sacerdotes deverão amar com toda a alma João Maria Vianney, um servo meu que a bondade divina prepara para com ele agraciar aqueles séculos como modelo exemplar de sacerdote abnegado—Revelou Maria.

—Pelo menos temos isso como consolo. Estou com muito medo dessa crise. Qual será o agente causador dela? —Preocupou-se a irmã em cristo.

—As heresias E a seita. Esta instituição se propagará influenciando todos os setores da sociedade. Chegará um ponto em que ela se infiltrará em todos os lugares —Falou Maria.

—Qual será a consequência disso em resultados relacionados à igreja? —Continuou a vidente.

—Satanás quase reinará através das paixões extravagantes e da corrupção dos costumes. Ele focará seus esforços na infância a fim de manter seu reinado. Ai dos meninos desse tempo! Dificilmente receberão o Sacramento do Batismo e o da Confirmação—Disse em prantos a Imaculada.

A santa serva também chorou. Como podia ser permitido uma coisa dessas? Era realmente lamentável este futuro da humanidade. Vendo ela em dúvidas, Maria continuou:

—A seita há de se apoderar de todas as classes sociais se infiltrando na vida particular de cada um. Com isso, a infância das crianças estará perdida. As consequências disso é que teremos poucas pessoas voltadas ao sacerdócio.

—Isso de alguma forma influenciará na sexualidade delas? Quis saber Mariana.

—Completamente, meu anjo. A atmosfera saturada do espírito de impureza que, à maneira de um mar imundo, correrá pelas ruas, praças e logradouros públicos... Quase não haverá almas virgens no mundo. A delicada flor da virgindade, tímida e ameaçada de completa destruição, luzirá de longe—Lamentou a mãe do cristo.

—O sacramento do matrimônio também será afetado? —Indagou a empregada.

—Quanto ao Sacramento do Matrimônio, que simboliza a união de Cristo com a Igreja, será atacado e profanado em toda a extensão da palavra. Impor-se-ão leis iníquas com o objetivo de extinguir esse Sacramento, facilitando a todos viverem mal, propagando-se a geração de filhos malnascidos, sem a bênção da Igreja. Irá decaindo rapidamente o espírito cristão—Afirmou Maria.

Neste momento, a médium ficou bastante triste com todas as revelações bombásticas. Ficara como petrificada. Maria permaneceu falando sobre o futuro.

—Ainda sobre os sacramentos, dois deles serão também plenamente afetados. Nesse tempo o Sacramento da Extrema Unção, posto que faltará nesta pobre Pátria o espírito cristão, será pouco considerado. Muitas pessoas morrerão sem recebê-lo por descuido das famílias. O mesmo sucederá com a Sagrada Comunhão. Mas, ai! Quanto sinto ao te manifestar que haverá muitos e enormes sacrilégios públicos e também ocultos de profanação da Sagrada Eucaristia. Meu Filho Santíssimo ver-Se-á jogado ao chão e pisoteado por pés imundos—transmitiu a mãe de nós todos.

—Voltemos a questão do Clero. Por qual motivo eles decepcionarão tanto a cristo? —Perguntou a beata.

—Casos de pedofilia, estupro e corrupção financeira. Por conta dos pecados, saiba ainda que a Justiça Divina costuma descarregar castigos terríveis sobre nações inteiras, não tanto pelos pecados do povo quanto pelos dos Sacerdotes e religiosos, porque estes últimos são chamados, pela perfeição de seu estado, a ser o sal da Terra, os mestres da verdade e os para-raios da Ira Divina—Contou a mãe da humanidade.

—Qual então nossa esperança diante deste contexto? —Interessou-se Mariana.

—Haverá um pequeno número de almas que guardam o tesouro da fé e das virtudes. Estas sofrerão um cruel, indizível e prolongado martírio. Muitas delas descerão ao túmulo pela violência do sofrimento e serão contadas como mártires que se sacrificaram pela Igreja e pela Pátria—Anunciou a iluminada.

—Como livrar-se das heresias e que virtudes estas almas terão que cultuar a fim de manter a graça do Senhor? Interessou-se a Beata.

—Para a libertação da escravidão dessas heresias, aqueles a quem o amor misericordioso de meu Filho Santíssimo destinará para esta restauração, necessitarão de grande força de vontade, constância, valor e muita confiança em Deus. Para pôr à prova esta fé e confiança dos justos, haverá ocasiões em que tudo parecerá perdido e paralisado. Será, então, o feliz princípio da restauração completa. —Revelou Maria.

—Que bom, minha mãe. Como a Igreja ficará então após todos estes fatos? —Indagou a nossa irmã em cristo.

—E a Igreja, qual terna menina, ressurgirá alegre e triunfante, e adormecerá brandamente, embalada em mãos de hábil coração maternal do meu filho eleito, muito querido, daqueles tempos. Fá-lo-emos grande na Terra e muito maior no Céu, onde lhe temos reservado um assento muito precioso. Porque, sem temor dos homens, combateu pela verdade e defendeu impertérrito os direitos de sua Igreja, pelo que bem o poderão chamar mártir—Concluiu a abençoada.

—Amém! —Alegrou-se Mariana.

—Eis que me despeço com meu sagrado filho de ti. Cuide das minhas ovelhas! —Disse a Senhora dos Espíritos.

—Vá em paz! Que a senhora seja recompensada em glória por tudo que faz pela humanidade—Desejou a nobre serva.

—Meu prazer está em auxiliar todos meus filhos com atenção. Tenha um abençoado restante de vida na terra. Após isso, eu mesma virei-te buscar—Prometeu a santa.

—Espero não falhar em minha missão—Pediu a pequena filha de Deus.

—Tende fé no meu amparo e nada te faltará—Disse Maria.

Por fim, elevou-se aos céus na companhia do seu amado filho. Esta foi a última vez que apareceu a vidente. Madre Mariana seguiria com seus dias terminando gloriosamente como um exemplo a todos os cristãos equatorianos.

Nossa senhora da boa saúde
Vailankanni -Ìndia-1600

PRIMEIRA APARIÇÃO

Era aproximadamente umas seis horas da manhã quando um menino Hindu se dirigia a casa do patrão após retirar um balde cheio de suas vacas leiteiras. No meio do caminho, encontrou com uma retirante carregando seu filho recém-nascido nos braços. De um modo terno e doce, a mulher pediu:

—Pode me dar um pouco de leite? Meu filho está com fome.

—Claro, Senhora—Assentiu o menino.

Enchendo a vasilha da mulher, ele se sentiu estranhamente reconfortado com este ato.

—Obrigado, meu filho! Deus o abençoe! —Agradeceu a Mulher.

—Por nada! —Garantiu o menino de bom coração.

O menino seguiu seu caminho e ao voltar-se para trás já não pode ver a mulher e seu filho. Estranho, pensa consigo mesmo. Ao chegar ao destino, contou o caso ao seu chefe. Quando foram verificar o balde de leite, constaram que não faltava nada. Sem querer acreditar, o patrão lhe exigiu que o levasse ao local da aparição. O garoto obedeceu e, ao realizar o pedido, ambos viram novamente a mulher andando por aquelas bandas. Com isso, puderam acreditar no jovem. Depois disso, a notícia da aparição se espalhou por toda a região.

NOVOS MILAGRES

Passaram-se vários anos e novamente a Virgem apareceu a outro menino da mesma maneira anterior.

—Pode me dar um pouco de leite para o meu filho? —Perguntou Maria.

—Sim. Aqui está—Disse o menino enchendo a vasilha da consagrada.

—Pelo seu bom ato, Deus vai lhe abençoar. Sou a Nossa Senhora, Rainha dos céus, quero que fiques curado de seu problema. Também desejo a construção duma capela em honra do meu nome neste lugar—Pediu a Nossa Mãe.

—Farei o que tiver ao meu alcance—Prontificou-se o garoto sentindo-se estranhamente bem.

Com um sorriso ao rosto, elevou-se aos seus olhos desaparecendo logo depois em colunas de nuvens. O menino contou tudo que tinha visto e ouvido ás autoridades locais e com a ajuda delas foi edificada a capela conforme a mãe de Deus pedira. A partir daí, este local tornou-se centro de peregrinações no país.

MILAGRES POSTERIORES À APARIÇÃO

Primeiro milagre:

Era o século XVII quando por um infortúnio um navio português naufragou próximo à costa do golfo. Sem saída e conhecendo a história milagrosa da virgem, eles rogaram por sua salvação junto à santa. As suas orações foram ouvidas com eles conseguindo sobreviver ao naufrágio.

Chegando a terra, contribuíram para que a capela se transformasse num santuário imponente. Ao longo dos anos, ele foi sendo restaurado e ampliado para maior glória de nossa mãe.

SEGUNDO MILAGRE:

Esta região foi alvo de um maremoto devastador. Milagrosamente, o santuário ficou intacto enquanto os prédios vizinhos foram totalmente devastados. Isto prova que as obras de Maria são eternas.

Nossa Senhora da boa saúde é a principal protetora da Índia.

Nossa senhora de Siluva

(Lituania-1608-1612)

SILUVA-1457 D.C.

Pertas Gedgauskas era um nobre devoto de Maria desta região. Como uma forma de agradecimento pessoal, mandou edificar uma Igreja de Madeira em honra da mãe de Deus. Construção esta que perdurou por quarenta anos sendo destruída por conta dum incêndio. Pela fé do Povo Lituano, foi reconstruído o templo desta vez em alvenaria. Neste local sagrado, destacava-se uma imagem de Nossa Senhora com o menino Jesus feito em Roma. A esta imagem, foram relatados inúmeros milagres. Logo, a peregrinação dos católicos era intensa proveniente de todas as regiões do país.

Passados alguns anos, no início do século XVI, os adeptos da reforma protestante foram se instalando na região e se apropriando de terras até então pertencentes à Igreja católica. Muita gente se converteu ao novo culto. Com a destruição da Igreja Mariana em 1536, os fiéis restantes de Maria perderam a fé de vê-lo reconstruído novamente.

Perdendo espaço pouco a pouco, o último padre teve que sair da região. Como último ato, recolheu num baú os objetos salvos no incêndio e os enterrou próximo ao local do que era a Igreja. Neste momento, tudo parecia perdido. Mas a santa era forte e poderosa o que levou a agir em prol de sua causa.

SILUVA-1608 D.C.

Nestas mesmas terras onde estava localizada a Igreja de Maria, Jovens pastoreavam seus rebanhos quando viram uma Jovem linda sentada numa pedra com um menino ao colo. Esteticamente arrumada, o que destoava na cena era o choro desta linda mulher. Estáticos, as crianças não lhe perguntaram nada. Voltando para casa, contaram o acontecido aos pais. Daí em diante a notícia se espalhou pela cidade inteira.

Uma numerosa multidão compareceu ao local cheios de curiosidade. Entre eles, estava um pastor calvinista. Severamente, ele criticava os outros por terem acreditado nas crianças. Na mesma hora, novamente a mulher apareceu conforme descrito pelos outros videntes. O pastor então aproveitou para se comunicar com ela.

—Senhoras, porque choras? —Perguntou ele.

—Choro porque neste lugar aonde meu filho era glorificado agora se planta e se colhe—Explicou a Virgem Mãe.

Dito isto, desapareceu. Quando soube da aparição, o bispo da região empreendeu um trabalho que com a ajuda dum antigo morador as dúvidas foram esclarecidas. Recuperaram o baú enterrado onde constava o documento de doação das terras a Igreja. De posse do documento, o bispo entrou na justiça recuperando a terra em definitivo no ano de 1622.Com isso, foram expulsos os protestantes do terreno sendo possível a reconstrução da Igreja de Maria. Esta foi a primeira aparição da Iluminada na Europa recuperando a honra de seu nome. Nossa Senhora de Siluva é a protetora especial da Lituânia.

Imaculada Conceição

Àgreda-Espanha
1655-1660

Localizada na província de Sória, Ágreda é uma vila bucólica e majestosa. Ali nasceu a honrada Maria de Jesus no dia 02 de abril de 1602. Filha da dama Catarina de Arana e do senhor Francisco Coronel, sua família era tida como nobre e religiosa. Desde cedo, entrou em contato com os ditames cristãos e por livre espontânea vontade decidiu abominar o pecado seguindo cristo a todo custo. Além deste, tinha predileta devoção por Nossa Senhora.

Durante sua infância e boa parte da juventude, gozou da tranquilidade de espírito fruto de suas obras, pensamentos e devoção ás forças do bem. Entretanto, nada é perfeito. Enfrentou, no seu caminho religioso, diversas provações e tantas dificuldades que ás vezes se sentia confusa quanto a sua própria fé em Deus.

As consequências desse sofrimento foram isolamento pessoal e indiferença com relação ás outras pessoas. Nesses momentos, o alento sentido partia do exemplo da paixão do seu mestre. Ele como ninguém sabia como superar dificuldades e em meio a todo aquele contexto era a única tábua de salvação. Em Cristo se sentia forte e poderosa.

Neste sentido, o papel de seus diretores espirituais e de sua família se tornou essencial em sua formação cristã. Com a boa direção dada por eles, conseguia cada vez mais progressos espirituais e em consequência aproximação a Deus. Neste ponto, nos perguntamos, o que diferenciava estava serva de tantos seguidores cristãos?

Maria de Jesus era exemplo para todos que a conheciam. Desde pequena, tudo o que recebia financeiramente dos pais usava na caridade com os pobres. Além disso, participava periodicamente de retiros, lia muitos livros religiosos e demonstrava uma profunda dedicação ás questões religiosas explicitada em orações, aconselhamentos ao próximo e reserva dos prazeres da carne. Enfim, era um modelo a ser admirado e seguido pelos outros os quais ansiavam o reino eterno. Não demorou e sua fama espalhou-se por toda a região.

Com a ajuda dos pais, fundaram um convento em sua própria casa. Por obra do senhor, a família inteira consagrou-se ao cristianismo o que nos dias de hoje raramente acontece. Entre estes, Maria de Jesus fora incumbida duma missão especialíssima diante de toda a comunidade e de Deus.

Com o dom da bilocação, podia estar em dois locais ao mesmo tempo. Isto facilitou sua pregação aos pagãos em continentes distantes. Outra virtude recebida foi a escrita. Através dela, pode escrever suas experiências espirituais os quais trouxeram luz de entendimento a muitas almas. No tocante a estas manifestações, foi coberta de intensa glória e revelados segredos ocultos a sua pessoa. Em contraposição a isso, sofria intensamente na carne por ter saúde debilitada. Uma coisa parecia estar intrinsecamente ligada a outra para maior glória do senhor e elevação de sua alma bendita.

Surge então a curiosidade: Como eram os hábitos dessa serva digníssima para que agradasse tanto a Deus? Além das inúmeras penitências realizadas, jejuava frequentemente, afligia o corpo com objetos mortificadores e devoção constante a Virgem. Era, pois, merecedora de ser considerada santa.

Voltando ao seu dom da escrita, sua mais importante obra é intitulada "A Mística cidade de Deus" Onde descreve a história da mãe de Jesus. Neste trabalho, teve auxílio de anjos e da própria Iluminada. Com a ajuda da redentora, foi eleita Madre Superiora do seu convento onde realizou um trabalho missionário espetacular. Só sua presença alegrava os fiéis devotos e sua expressão doce cativava. Era como uma mãe para todos. Neste cargo, permaneceu durante trinta e cinco anos.

Estando a Espanha em Guerra, por volta de 1653, a serva de Deus recebeu a visita de Felipe IV. Tão emocionante foi este encontro que os dois mantiveram contato através de cartas durante longos vinte e dois anos. Sobreveio então sua morte em plena comunhão com Deus. Maria de Jesus é um exemplo de santidade para toda Espanha.

As aparições de Nossa Senhora de Laus

Saint Étienne-França-(1664-1718)

Vale de Laus é uma pequena aldeia situada no sul da França. Na época, era constituída por cerca de vinte famílias cuja maior fé era centrada nas figuras de Jesus Cristo e Maria. O maior símbolo desta fé era a capela de Nossa Senhora do bom encontro em honra á Imaculada Virgem.

Nascida na vila em setembro de 1647, a menina Benoite teve que acostumar-se desde cedo com uma vida cheia de privações por conta de sua família pertencer a uma classe social de extrema pobreza. A situação da família piorou ainda mais devido ao falecimento do pai quando a menina tinha apenas sete anos.

Com isso, os filhos foram obrigados a começar a trabalhar desde cedo. Alternativamente, as filhas mulheres ajudavam sua mãe nas tarefas domésticas e religiosas. Neste último quesito, os pais da menina foram exemplares na instrução dos mandamentos e leis de Deus além do repasse das orações propriamente ditas.

No momento em que foram demitidos os filhos do trabalho, a família afundou numa miséria profunda durante três meses. Através do pedido insistente em oração de Benoite, Nossa Senhora enviou emissários a sua casa. Eles propuseram trabalho aos membros da família em duas fazendas. Agradecendo aos céus, aceitaram a proposta e então cada um deles começou na labuta. A função seria pastorear ovelhas.

Num dos seus dias de trabalho, enquanto pastoreava ovelhas rezando o terço, surge a visão dum homem elegantemente trajando parecendo ser um bispo pertencente a Igreja Primitiva. Ele se aproxima da menina puxando conversa:

—Minha filha, o que você está fazendo por aqui?

—Estou cuidando das minhas ovelhas, orando a Deus e à procura de água para beber—Respondeu a garota.

—Eu vou tirar água para você—prontificou-se o homem indo até um poço que simplesmente aparecera ali.

Trazendo a água, matou a sede dela e dos animais. Depois disso, o contato foi retomado.

—Você é tão bonito. Você é um anjo, ou Jesus? —Quis saber a jovem.

—Eu sou Maurice a quem a vizinha capela é dedicada. Minha filha, não volte a este lugar. Faz parte de um território diferente, e os guardas tomariam seu rebanho, se a encontram por aqui. Vá para o vale acima em Saint-Étienne. Lá você verá a mãe de Deus—Informou.

—Mas excelência. Ela está no céu. Como eu poderei vê-la onde dizes? —Perguntou a serva.

—Sim. Ela está nos céus, na terra, e também onde ela quer—Argumentou Maurice.

—Está bem. Seguirei seu conselho, mas não agora. Descansarei um pouco com meu rebanho antes de partir—Disse Benoite.

—Sábia decisão. Tenho que ir agora. Deus te abençoe! —Anunciou o idoso.

—Vá em paz! —Desejou a menina.

O estranho caminhou alguns passos na trilha desaparecendo logo depois. Com isso, a noite caiu obrigando a pastora a acomodar-se na mata. Durante toda a noite, não parava de pensar na visão e em tudo o que aquilo representava. Se contasse aqueles acontecimentos a alguém seria considerada uma louca. Mas não, era completamente normal. Por estar muito cansada, logo adormeceu sendo perseguida por sonhos proféticos. Sua mente era uma confusão só e assim amanheceu.

Logo cedinho, caiu na estrada conduzindo o rebanho até o vale designado pelo sacerdote. Nem mesmo o relevo acidentado, os animais ferozes, os espinhos e o mau tempo a intimidaram. Chegando próximo a uma gruta, teve a visão duma bela Senhora trazendo uma criança nas mãos. Sem sequer desconfiar apesar do aviso que teve, a menina dirigiu a palavra a esta mulher.

—Bela Senhora, o que está fazendo aqui? Veio comprar gesso? A senhora faria a gentileza de nos deixar pegar esta criança? Este menino iria nos deliciar a todos.

A estranha Senhora continuava ali, mas não respondeu à pergunta da menina o que provocou uma maior admiração por parte de Benoite. O trabalho de pastoreio continuou durante toda a manhã. Na hora do almoço, a moça novamente falou com a mulher.

— A senhora gostaria de comer comigo? Eu tenho aqui alguns pãezinhos muito gostosos.

Um sorriso pairou no rosto da bela senhora, mas ela permaneceu calada aumentando o mistério em torno de sua figura. Indo e vindo da gruta, ao cair da tarde acabou por desparecer deixando a serva de Deus ainda mais pensativa com essa visão.

UM TEMPO DEPOIS

No outro dia e nas semanas seguintes a menina permaneceu em seu trabalho de pastora. Concomitantemente, tinha visões da estranha senhora, do seu filho e de anjos. Entretanto, a dama permanecia em silencio testando a paciência e a curiosidade da garota.

Exatamente dois meses após a primeira aparição, finalmente ela se comunicou:

—Benoite, estou aqui pois precisamos de você—Revelou a senhora.

—Quem precisa de mim e do que se trata exatamente? —Falou Benoite.

— As forças do bem. Sua missão na terra é bastante especial. Será incumbida de trabalhar na conversão dos pobres pecadores através de orações, sacrifícios, penitências exortando-as a seguir o caminho do bem-Disse a Mãe de Deus.

—Será que sou mesmo capaz disso? Sou apenas uma menina birrenta e traquina—Analisou a criança.

—É verdade. Conquanto, há uma grande alma dentro deste invólucro material. Por mérito, Deus Nosso Senhor a escolheu como esperança desta vila e em extensão de toda a França. Não recuses esta graça especial—Orientou a Imaculada.

—Quem sou eu para recusar? Faça-se em mim segundo a vossa palavra.

—Graças a Deus! Fico muito feliz por você. Por ora peço que vá orientando as pessoas em prol da causa do bem. São em resumo trinta mandamentos essenciais para um bom cristão. Preste atenção em cada um deles—Pediu a Virgem.

—Quais são? —Perguntou a menina.

—1) Amar a Deus sobre todas as coisas, a si mesmo e aos outros.

2) Não ter ídolos terrestres ou celestes, Javé é o único digno de adoração.

3) Não pronunciar o santo nome de Deus em vão ou tentá-lo; Também não atormentar aqueles que já se foram os invocando.

4) Reservar pelo menos um dia da semana para o descanso, preferencialmente no sábado.

5) Honrar pai, mãe e familiares.

6) Não matar, não ferir o próximo fisicamente ou verbalmente.

7) Não adulterar, não praticar a pedofilia, a zoofilia, o incesto e outras perversões sexuais.

8) Não roubar, não trapacear no jogo ou na vida.

9) Não dê falso testemunho, calúnia, difamação, não minta.

10) Não cobice ou inveje os bens do próximo. Trabalhe para alcançar seus próprios objetivos.

11) Seja simples e humilde.

12) Pratique a honradez, a dignidade e a lealdade.

13) Nas relações familiares, sociais e de trabalho seja sempre responsável, eficiente e assíduo.

14) Evite esportes violentos e o vício no jogo.

15) Não consuma qualquer tipo de droga.

16) Não aproveite de sua posição para derramar sua frustração no outro. Respeite o subordinado e o superior em suas relações.

17) Não tenha preconceito com ninguém, aceite o diferente e seja mais tolerante.

18) Não julgue e não será julgado.

19) Não seja fuxiqueiro e dê mais valor a uma amizade pois se age assim as pessoas vão afastar-se de você.

20) Não deseje o mal do próximo nem queira fazer justiça com as próprias mãos. Existem os órgãos próprios para isso.

21) Não procure o diabo para consultar o futuro ou fazer trabalhos contra o próximo. Lembre-se que para tudo existe um preço.

22) Saiba perdoar pois quem não perdoa o próximo não merece o perdão de Deus.

23) Pratique a caridade pois ela redime os pecados.

24) Ajude ou conforte os doentes e desesperados.

25) Reze diariamente por você, sua família e pelos outros.

26) Permaneça com fé e esperança em Javé independentemente da situação.

27) Divida seu tempo entre trabalho, lazer e família proporcionalmente.
28) Trabalhe para ser merecedor do sucesso e felicidade.
29) Não queira ser um Deus extrapolando seus limites.
30) Pratique sempre a justiça e a misericórdia.

Se vós e os outros segui-los com compromisso prometo a salvação e a felicidade ainda na terra—Garantiu a bendita.

—Prometo sua observação e a pregação deles. Tem em mim uma boa cooperação. Qual é seu nome mesmo? —Indagou Benoite.

—Pode me chamar de Bem-aventurada. Fique em paz pois agora tenho compromissos a fazer—Explicou a mulher.

—Vá em paz! —Desejou a garota.

Aos olhos da criança, a bela mulher encaminhou-se até a gruta com o menino ao colo. Desapareceu logo em seguida. Já era noite e a bendita serva aproveitou para descansar junto com seu rebanho.

A LADAINHA DE LORETO

Noutro dia, a virgem se aproximou novamente da vidente com um semblante tranquilo, doce e resplandecente. Chegando perto da serva, ela a cumprimentou com os seguintes dizeres:

—Salve, ó dedicada do Senhor. Tende cumprido sua tarefa?

—Sim, minha mãe. Durante meu tempo, tenho me esforçado nas minhas obrigações. Isto tudo é muito pesado para mim. Ás vezes me sinto cansada por carregar tantas responsabilidades ainda jovem—Queixou-se Benoite.

—Sente-se cansada? Estou aqui com o afago divino para servi-la. Venha descansar em meu manto—Ofereceu-se a Virgem.

—Obrigada, minha mãe—Agradeceu a empregada.

Com sua inocência de criança, ela se aproximou mais ficando horas deitada sobre o manto da Bem-aventurada brincando com o menino Jesus. Esta experiência ultrapassa a compreensão humana. Neste instante, Benoite sentiu um pedaço do céu ainda viva.

Após um breve cochilo, acordou ainda ao lado da estranha senhora. Em seguida, a conversação continuou.

—Vou te ensinar uma Ladainha. Muito me agrada se a rezares todos os dias.

—Estou pronta! —Disponizou-se a criança.

—Ela se chama a Ladainha de Loreto. Deves rezar assim: Senhor, tende piedade de nós.

Jesus Cristo, tende piedade de nós.

Senhor, tende piedade de nós.

Jesus Cristo, ouvi-nos.

Jesus Cristo, atendei-nos.

Pai celeste que sois Deus – **Tende piedade de nós**

Filho, redentor do mundo, que sois Deus – **Tende piedade de nós**

Espírito Santo, que sois Deus – **Tende piedade de nós**

Santíssima Trindade, que sois um só Deus – **Tende piedade de nós**

Santa Maria – **Rogai por nós**

Santa Mãe de Deus,

Santa Virgem das virgens

Mãe de Jesus Cristo,

Mãe da divina graça,

Mãe puríssima,

Mãe castíssima,

Mãe imaculada

Mãe intacta,

Mãe amável,

Mãe admirável,

Mãe do bom conselho,
Mãe do Criador,
Mãe do Salvador,
Mãe e decoro do Carmelo
Virgem prudentíssima
Virgem venerável,
Virgem louvável,
Virgem poderosa,
Virgem benigna,
Virgem fiel,
Virgem flor do Carmelo,
Espelho de justiça,
Sede da sabedoria,
Causa de nossa alegria,
Vaso espiritual,
Vaso honorífico,
Vaso insigne de devoção,
Rosa mística,
Torre de David,
Torre de marfim,
Casa de ouro,
Arca da aliança,
Porta do Céu,
Estrela da manhã,
Saúde dos enfermos,
Refúgio dos pecadores,
Consoladora dos aflitos,
Auxílio dos cristãos,
Padroeira dos carmelitas,
Rainha dos anjos,
Rainha dos patriarcas,
Rainha dos profetas,
Rainha dos apóstolos,

Rainha dos mártires,
Rainha dos confessores,
Rainha das virgens,
Rainha de todos os santos,
Rainha concebida sem pecado original,
Rainha assunta ao Céu,
Rainha do santo Rosário,
Rainha da paz,
Esperança de todos os carmelitas,
V. Cordeiro de Deus, que tirais os pecados do mundo
R. Perdoai-nos Senhor.
V. Cordeiro de Deus, que tirais os pecados do mundo
R. Ouvi-nos, Senhor.
V. Cordeiro de Deus, que tirais os pecados do mundo.
R. Tende piedade de nós.
V. Rogai por nós, Santa Mãe de Deus
R. Para que sejamos dignos das promessas de Cristo.

Oremos: Senhor Deus, nós vos suplicamos que concedais a vossos servos lograr perpétua saúde de alma e corpo; e que pela gloriosa intercessão da bem-aventurada sempre Virgem Maria sejamos livres da presente tristeza e gozemos da eterna alegria. Por Cristo, Nosso Senhor. Amém.

—Decorei. Que bela ladainha! —Admirou-se a menina.

—Muito bela mesmo! Desejo que a ensine as outras crianças do povoado. Quero que a repitam todos os dias junto com outros cânticos de adoração ao altíssimo. Precisamos de fiéis engajados em prol de nossa causa. Posso contar com você? —Indagou a bela mulher.

—Sim. Sempre, Senhora—confirmou Benoite.

—Fico feliz por isso! Fique em paz! —Disse a dama.

—Assim seja—Falou a camponesa.

A estranha senhora se afastou sumindo como das outras vezes. O mistério em torno dela permanecia mesmo após tanto tempo de convivência. No entanto, instintivamente a confiança depositada pela pastora era irretocável fruto de sua fé em Deus. Por isso que se diz que devemos nos tornar crianças a fim de garantir os céus.

UMA CONVERSÃO IMPORTANTE

Havia bastante descrença em relação ao depoimento da jovem sobre as aparições marianas. Uma destas pessoas era a patroa da menina, mulher desleixada sem qualquer interesse na religião.

Certo dia, com intenção de investigar os fatos ela se antecipou a empregada indo ao campo escondendo-se atrás duma pedra. Instantes depois, chegou a jovem com a imediata aparição da Virgem mãe.

—Bom dia, senhora. Como vai?

—Não muito bem. O pecado de alguns me pesa muito. Um exemplo é sua senhora que está escondida atrás da pedra. Diga-lhe para que não mais blasfeme contra o nome de Jesus porque se ela continuar agindo assim não haverá paraíso para ela: Sua consciência está em muito mau estado, ela deve fazer penitência—Afirmou a mãe de Deus.

Diante destas palavras, a pecadora empedernida chorou e mostrou-se diante delas. Com atitude firme, prometeu:

—Prometo me retratar e ter mais fé, senhora. Perdão por tudo—Disse a Sra.Rolland.

—Só depende de você. Quanto a ti, Benoite, continue em seu trabalho apostolal. Meu imaculado coração estará sempre te protegendo e abençoando. Paz e bem! —Desejou a senhora.

—Obrigada! —Agradeceu a garota.

A aparição elevou-se aos céus aos olhos das duas. Com isso, a dupla retornou para casa totalmente transformada. Este fato era mais um milagre daquela bem-aventurada mulher.

SOU A NOSSA SENHORA

Cada vez mais, a notícia das aparições ganhava proporção na França. A menina foi chamada a depor diante do magistrado de sua paróquia e após uma entrevista rápida concluiu-se a veracidade de suas informações. Naquele momento, os outros não sabiam exatamente do que se tratava a aparição e então foi sugerido que perguntasse isso a ela.

No mesmo local, a bela senhora se apresentou.

—Bom dia, venho agradecer-lhe pelo seu trabalho junto ás crianças e aos outros quanto aos mandamentos do Senhor. Muitos frutos deverão ser colhidos—Observou a Madame.

—Eu que agradeço pela sua confiança. Em nome dela, vos pergunto: A senhora é a mãe de nosso bom Deus? Agradeceria muito se me dissesse que é, e construiremos uma capela aqui para homenageá-la—Dispôs-se Benoite.

—Não há necessidade de construir coisa alguma aqui pois já escolhi um local mais agradável. Eu sou Maria, a mãe de Jesus. Você não me verá mais aqui por algum tempo—Concluiu Maria.

Dito isto, desapareceu como fumaça. Um misto de tristeza e emoção percorreu as veias da nossa querida serva. O que aconteceria agora? Não podia pensar sua vida sem a presença da querida mãe.

UM MÊS DEPOIS

O reencontro tão esperado ocorreu do lado da Ribeira, no caminho que leva a Laus. Atravessando o córrego que as separava, a doce menina jogou-se aos pés da Virgem.

—Ah, boa mãe. Por que a Senhora me privou da alegria de vê-la por tanto tempo?

—De agora em diante, você me verá apenas na capela que está em Laus—Afirmou nossa santa Mãe.

—Não conheço. Como saberei localizá-la? —Indagou a criança.

—Subirás o caminho em direção ao morro. Reconhecerá o lugar quando sentir uma doce fragrância—Explicou Maria.

—Está bem. Prometo que amanhã irei. Agora não posso por ter que pastorear minhas ovelhas—Argumentou Benoite.

—Eu sei, criança. Não há nenhum problema. Estarei esperando—Disponibilizou-se a iluminada.

Acenando com as mãos em despedida, a nossa mãe desapareceu entre as nuvens. Cheia de alegria, a vidente foi cuidar do seu trabalho. Porém, seu pensamento não saía da mensagem recebida. Como era bom ser serva de Maria!

No outro dia, logo cedo, ela começou a andar na trilha. Encontrando forças em sua fé, cada passo dado era um prêmio em sua busca pela capela sagrada onde reencontraria sua amada amiga. Neste instante, o sentimento que carregava no peito era de paz, felicidade e de missão cumprida. Maria tinha dado a sua vida uma dimensão completamente rica e nova.

Chegando a Laus, começou a andar para lá e para cá em busca dum sinal. Finalmente o milagre aconteceu diante de certa construção: Um edifício humilde medindo dois metros quadrados. Como a porta estava entreaberta, ela conseguiu entrar. Deparou-se com um ambiente simples dotado dum altar de gesso onde estavam dois castiçais de madeira e um cibório de cobre. Sobre o altar, lá estava a querida mãe portando um sorriso inexplicável.

—Minha filha, você tem procurado diligentemente por mim, mas não deveria chorar. Mesmo assim, você me deixou satisfeita por não ter se mostrado impaciente—Observou Maria.

—Obrigada pelo elogio, Senhora. Olha, gostaria que eu depusesse meu avental sob seus pés? Há muito pó! —Disse a menina.

—Não, minha filha. Logo nada faltará neste lugar—Nem vestes, nem altar de linhos, nem velas. Eu desejo que seja construída uma grande Igreja neste local, juntamente com um edifício para abrigar alguns padres residentes. A igreja será construída em homenagem ao meu querido filho e a mim. Aqui muitos pecadores serão convertidos. Eu irei aparecer muitas vezes neste lugar—Anunciou a mãe de Deus.

—Construir uma Igreja? Não há dinheiro para isso aqui—Constatou a inocente criança.

—Não se preocupe. Quando chegar a hora de construir, você irá encontrar tudo o que precisar e não demorará. Os tostões dos pobres irão fornecer tudo. Nada irá faltar—Profetizou a madame.

—Creio firmemente em tico-o devo continuar então? —Indagou a humilde menina.

—Tenho dois pedidos a lhe fazer: Primeiro, ore continuamente pelos pecadores. Segundo, pare de pastorear os rebanhos. Quero sua integral dedicação à missão que objetiva a conversão dos pecadores—Disse a Virgem.

—O que posso dizer? Estou pronta para isso. Seja feita em mim conforme suas palavras—Confirmou Benoite.

—Fico imensamente feliz. Estarei sempre nesta capela. Continue difundindo minha devoção entre as pessoas—Solicitou a mãe de Jesus.

—Farei com todo amor. Obrigada, minha mãe—Disse a criança.

—Por nada, filha—Correspondeu a aparição.

Despedindo-se finalmente, Maria se ausentou. Durante os anos seguintes, a notícia das aparições se propagou em todo o país trazendo consigo inúmeros turistas religiosos a Laus. Milagres e bênçãos não paravam de acontecer aumentando a credibilidade dos fatos.

Ebrun era a diocese da qual Laus fazia parte. Diante destes acontecimentos, o vigário da cidade escreveu ao bispo diocesano explicando os fatos e solicitava um inquérito eclesiástico visando apura-los convenientemente.

De alguma forma, este não acolheu bem o pedido pois pessoalmente não estava convicto da veracidade dele. Porém, por sua obrigação, viajou a Laus com outros emissários visando interrogar a vidente tão famosa.

No dia e horário combinados, eles se reuniram com a pretendente. Num trecho da conversa, podemos ver esta aferição.

—Não pense que eu vim aqui para autorizar seus sonhos e ilusões, e todas as coisas estranhas que estão dizendo sobre você e este lugar. É minha convicção e todos nós que temos bom senso, que seus sonhos são falsos. Assim, vou encerrar esta capela e proibir a devoção. Quanto a você só tem de ir para casa—Disse Severamente o bispo.

—Eminência, embora o senhor possua o poder de a cada manhã fazer Deus chegar até ao altar pelo divino poder que recebeu quando se tornou padre, o senhor não tem ordem para dar à sua santa Mãe, e ao que a ela agrada realizar aqui—Afirmou categoricamente a menina.

—Bom, se aquilo que as pessoas estão dizendo é verdade, então reze a ela para me mostrar a verdade através de um sinal ou um milagre, e então farei tudo o que posso para realizar a sua vontade. Mas, mais uma vez, tome cuidado para que todas essas coisas não sejam ilusões e efeitos de sua imaginação para iludir o povo. Não permitirei abusos e lutarei com todos os meios ao meu alcance—Sentenciou o bispo.

—Está bem. Eu rezarei—Confirmou a vidente.

—Está despedida por enquanto então—Concluiu ele.

—Muito obrigada! —Agradeceu a garota.

Depois da menina, foram interrogados também o pároco local e testemunhas. Ficando a sós, o bispo e seus conselheiros planejavam ir embora naquele mesmo dia. Conquanto, uma tempestuosa chuva obrigou-lhe a ficar por mais dois dias.

No último dia da novena, ele pode ver finalmente o milagre que exigira. Uma mulher chamada Catherine Frasco conhecida na região por ser deficiente física ficara instantaneamente curada a partir da devoção a Nossa Senhora de Laus.

Com isso, o processo eclesiástico foi concluído com sucesso. Conforme o pedido de Maria, no local foi construída uma bela Igreja em substituição à capela. Esta foi uma maravilhosa obra de nossa mãe. Através de Laus, toda França ficaria amparada e protegida. Bendita seja a mãe de Jesus!

Nossa senhora aparecida

Barcelos-portugal-1702

Estávamos em agosto de 1702. O jovem João estava a pastorear o seu rebanho no Monte de Castro de Balugães quando se iniciou uma tempestade. Procurando abrigo num desvão duma lapa, ele se surpreendeu devido à aparição de uma bela senhora envolvida em luz.

—Por que o espanto, João? —Indagou a mulher.

—Estou com muito medo pois nunca vi nenhuma aparição—Respondeu o ex-mudo ficando instantaneamente curado.

—Acalme-se, Jovem. Sou a Nossa Senhora. Peço que dê um recado a seu pai de que desejo a construção duma Ermida neste lugar.

—Está bem. Darei o recado agora mesmo— Prontificou-se João.

—Muito obrigada—Agradeceu a Nossa Mãe.

O jovem saiu correndo em direção a sua casa cheio de alegria. Para ele, era uma honra ter sido escolhido como porta-voz daquela santa tão querida pela comunidade cristã. Era prudente, pois, realizar seu desejo o quanto antes.

Chegando em casa, encontrou o pai descansando no sofá da sala. Aproveitou a oportunidade para puxar conversa.

—Pai, preciso falar com o senhor.
—O quê? Você não era mudo?
—Fiquei curado. Pode me escutar?
—Sim, pode falar.
—Tenho um pedido a fazer: Quero que construa uma Ermida em honra de Nossa Senhora Aparecida.
—De onde você tirou esta ideia, garoto?
—Foi a santa que pediu.
—Santa? Pode me explicar melhor esta história?
—Ela me apareceu quando estava com meu rebanho no Monte De Castro de Balugães. Foi bastante clara em seu pedido.
—Você bebeu? Onde já se viu ver espíritos? Eu já sei: Você bebeu, sonhou e pensou que foi tudo real.
—Mas pai!
—Não acredito nisto. Conversa encerrada!

O jovem ficou entristecido durante o restante do dia. No dia posterior, voltou a pastorear no mesmo local de antes. Foi quando a estranha Senhora novamente apareceu.

—Como vai, João? Cumpriu minhas ordens?
—Sim, minha mãe. Porém, não adiantou de nada. Meu pai não acreditou em minhas palavras.
—Que insensível da parte dele! Volte para casa e reitere meu pedido. A fim de convencê-lo, peça para ele pão.
—Está bem, senhora. Farei como me pedes.

O menino novamente se apressou a chegar em casa. Neste momento, a curiosidade imperava sobre o que iria acontecer em relação ao seu pedido pois geralmente neste dia não tinham pão disponível. Mesmo assim, obedeceria a ordem da santa.

João sempre fora um menino tranquilo e comum, mas depois dos últimos acontecimentos se tornara inexplicavelmente misterioso e iluminado. Creditava esta mudança a obra de Deus em sua vida a qual era grandiosa.

Ao chegar em casa, encontrou o pai a descansar no mesmo local de antes. Então se aproximou novamente.

—Pai, a santa me apareceu novamente. Ela solicita a construção de sua Ermida mais uma vez.

—Outra vez esta história? Ainda não se cansou disso?

—Já que você não acreditou, ela diz: Dê-me pão.

—Pão? Não tenho nenhum comigo. Se quiser migalhas, tenho algumas no forno.

—Vá buscar para mim.

A contragosto, o senhor se levantou e foi verificar. Ao abrir o forno, qual não foi seu espanto ao vê-lo completamente cheio de pães.

—Assim diz nossa mãe: assim como converti migalhas em pães posso converter também seu coração duro.

—Meu Deus e minha mãe! Como fui tolo em não acreditar. Prometo realizar o pedido de Nossa mãe em urgência.

—Ainda bem, meu pai. Escreva ao bispo. Ele irá nos ajudar.

—Boa ideia.

Comunicaram os fatos a Diocese que através de investigação os comprovou. Foi edificado o templo da Virgem Mãe onde o mesmo menino trabalhou como sacristão até o fim dos seus dias. Com a aparição em Barcelos, Nossa Senhora se tornou a protetora especial do povo português.

Nossa Senhora Aparecida
APARECIDA-BRASIL-1717

Era a segunda quinzena de outubro de 1717.Estavam de visita em Guaratinguetá Pedro Miguel de Almeida Portugal e

Vasconcelos, Conde de Assumar e Governante da capitania de São Paulo e Minas de Ouro. No intuito de homenageá-los, alguns grupos de pescadores lançaram seus barcos no Rio Paraíba visando pegar peixes.

Dentre eles, os pescadores Domingos Garcia, João Alves e Filipe Pedroso rezaram para a Virgem Maria pedindo a ajuda divina. Foram várias tentativas de pescaria infrutíferas até que próximo ao Porto de Itaguaçu pescaram a imagem da Virgem Maria. Nas tentativas posteriores, pegaram tanto peixe que a embarcação mal podia com o peso deles.

A imagem ficou alojada na residência de Filipe Pedroso por quinze anos de onde recebia a visita dos fiéis para oração. Eram muitos relatos de milagres o que atraía cada vez mais pessoas de todas as partes do país. A solução foi transferir a imagem para um oratório e posteriormente foi construída uma capela que se transformou na basílica de hoje, o quarto templo mariano mais visitado do mundo.

Aos 16 de julho de 1930, Nossa Senhora da Conceição Aparecida foi proclamada padroeira do Brasil pelo Papa Pio XI. Já o feriado de 12 de outubro foi oficializado pela Lei número 6802 datada de trinta de junho de 1980.Nossa Senhora Aparecida é a protetora de todos os brasileiros.

MILAGRES CONHECIDOS DE NOSSA SENHORA APARECIDA

Milagre das Velas-1733

Era uma noite tranquila no oratório que abrigava a imagem da santa. Sem nenhum motivo aparente, as duas velas que iluminavam o local apagaram-se. Antes que pudessem reacendê-las, elas acenderam por si mesmas provocando grande admiração entre os presentes.

Queda das correntes-1850

Um escravo denominado Zacarias, ao passar próximo da Igreja onde se encontrava a imagem da santa, pediu permissão ao feitor para entrar no templo e rezar a Nossa Senhora. Concedido o pedido, ele adentra no santuário e se ajoelha diante da imagem rezando com fervor. Antes de terminar a oração, milagrosamente as correntes que o prendiam soltam-se o deixando completamente livre.

O cavaleiro

Um cavaleiro, de passagem por Aparecida, muito descrente de Deus, zombou dos romeiros ao ver a fé deles. Querendo provar sua hipótese, prometeu a si mesmo entrar de cavalo na Igreja. Antes, porém, de conseguir o seu intento, a pata do seu cavalo ficou presa na pedra da escadaria da Igreja derrubando-o. Depois disso, ele se arrependeu tornando-se também devoto da Virgem.

A cega

A família Vaz residia em Jaboticabal-SP e todos eram muito devotos de Nossa Senhora Aparecida. Dentre os entes familiares, a menina mais nova era cega de nascença. Ela nutria uma grande fé em Nossa Senhora sendo seu maior sonho conhecer a basílica da santa.

Por obra do espírito santo, a família realizou o sonho da menina no período de férias. Ao chegar próximo das escadarias da Igreja, repentinamente, a menina exclamou: —Mãe, como é linda esta Igreja! A partir deste dia, ela passou a enxergar normalmente aumentando o número de milagres atribuídos a padroeira do Brasil.

O menino no rio

O filho e seu pai dirigiram-se ao rio a fim de pescar. Esta era uma atividade rotineira para os dois com eles já possuindo experiência nisso. Mesmo assim, um acidente ocorreu: Devido à forte correnteza, o menino caiu dentro do rio sendo arrastado pela correnteza. Desesperado, o pai clamou pela ajuda de Nossa Senhora Aparecida. Imediatamente, a correnteza acalmou o que permitiu a salvação do menino através de seu pai.

O homem e a onça

Um agricultor estava a caminho de casa após um dia normal de labuta. Em dado momento, apareceu uma onça que o deixou amedrontado e encurralado. A saída foi clamar ajuda a Nossa Senhora Aparecida. A estratégia deu certo porque a onça simplesmente fugiu.

Nossa Senhora da Apresentação
<u>Natal-Brasil-1753</u>

Aos 21 de Novembro de 1753, pescadores encontraram um caixote de madeira numa das rochas próximas a Margem do Rio Potengi. Ao abrir a caixa, encontraram uma imagem de Nossa Senhora do Rosário acompanhada da seguinte mensagem: Aonde esta imagem aportar nenhuma desgraça acontecerá.

O padre da cidade foi comunicado da descoberta e como este o dia fora exatamente a data em que Maria foi apresentada ao templo em Jerusalém a imagem foi batizada como "Nossa Senhora da Apresentação" e proclamada padroeira da cidade. Este dia é feriado na cidade, dia de devoção da santa protetora de todos os Norte –Rio-grandenses.

Nossa senhora de Lavang

Vietnã-1798

Ao final do século XVIII, houve uma disputa entre os vários concorrentes ao trono vietnamita. Dentre eles, Nguyen Anh, solicitou apoio dos católicos e do monarca da França. Sabendo disso, Canh Thin, seu adversário, ordenou a destruição de todas as entidades católicas que o apoiassem.

.A saída para o pequeno grupo de cristãos daquele país foi se refugiar nas montanhas na zona entre fronteiras. Porém, seus adversários não descansavam em busca de aniquilá-los. Além disso, sofriam fome, frio, doenças e ataques de animais selvagens. Foi nesta situação extrema que certo dia Nossa Senhora se apresentou a um grupo de pessoas com um vestido longo branco com o menino Jesus aos braços e rodeada por anjos. Ela então entrou em contato com eles.

—Sou a Nossa Senhora. Meu coração está com vocês nesta situação difícil. Não desanimem! Peguem as folhas da Lavang, fervam-nas e tomem o chá. Desta forma, ficarão curados de suas doenças. Prometo também escutar todas as orações feitas neste local.

Dito isto, desapareceu feito fumaça. Neste local, foi erguida uma capela simples. Era o ponto de encontro dos fiéis que fugiam da perseguição. Durante quase cem anos de perseguição religiosa, a santa apareceu neste local várias vezes dando instruções e os animando. Nossa Senhora de Lavang tornou-se assim a protetora especial dos cristãos Vietnamitas.

Nossa senhora de Lichen

1850-Polônia

Estávamos no ano de 1813. Nesta época, havia uma revolução tomando conta da Europa provocada por Napoleão e seus soldados. Como em qualquer guerra, havia grandes perdas humanas a considerar. Podemos tomar como exemplo a batalha das nações nas quais se feriram cerca de oitenta mil combatentes.

Dentre tantos soldados, um deles chamado Tomasz Klossowski era devoto de Nossa Senhora. Todas as noites, insistia no pedido de que não morresse em terras estrangeiras. Numa dessas noites de fervor, a imaculada apareceu para ele vestindo um manto de ouro e com uma águia branca na mão.

—Sou a Nossa Senhora. Eu escutei suas preces. Você voltará a sua região. Quando isso acontecer, procure uma imagem parecida comigo e difunda a minha devoção.

—Muito obrigado, minha mãe. Fico feliz com a notícia. Farei conforme sua santa vontade.

—Fico feliz, bom servo. Deixo para você minha paz. Força e que esta guerra acabe logo.

—Assim seja!

A mãe de nós todos se elevou aos seus olhos e logo desapareceu na imensidão dos céus. Milagrosamente, este servo foi salvo de todos os perigos nas batalhas e ao final delas voltou a sua região de origem. Ao longo de vinte e três anos procurou a dita imagem terminando por encontrá-la. Colocou-lhe em sua casa e posteriormente em uma capela localizada numa floresta próxima.

Entretanto, apesar dos seus esforços, a devoção de Maria não se popularizou na região ficando a imagem abandonada na mata. Aos 15 de agosto de 1850, a santa se manifestou a um pastor que passava por ali.

—Sou a Nossa Senhora. Estou muito triste com a desolação desta imagem e preocupada com a maldade contaminando o mudo. As pessoas pecam continuamente, não pensam em fazer penitência e mudar de vida. Não passará muito tempo, e serão por isso severamente castigadas por Deus. Cairão mortas de repente e não haverá quem as enterre. Morrerão velhos, morrerão crianças no ato de serem alimentadas por suas mães. Rapazes e moças serão castigados, pequenos órfãos chorarão seus pais. Depois virá uma longa e terrível guerra.

—Você não poderia clamar a Deus para pelo menos amenizar estas desgraças? —Indagou Mikolaj Sikatka.

—Faço isso todo o tempo. A misericórdia do Pai Celestial é inesgotável, e tudo pode ser ainda mudado. Quando houver santos no país, este poderá ser salvo. O país precisa de santas mães. Eu amo vossas boas mães, sempre as ajudarei em cada necessidade. Eu as entendo: fui mãe, com muitas dores.

—Tem razão. A Polônia tem realmente extraordinárias mães. Como podemos retribuir esse carinho todo delas?

— As mais pérfidas intenções dos opressores, vossas mães as quebram. Elas dão ao país numerosos e heroicos filhos. No período de um incêndio universal, esses filhos arrebatarão a pátria livre e na sua maneira as salvarão.

—Fico feliz. Era o mínimo que poderíamos fazer.

—Esta é apenas uma ponta do Iceberg. O mal não descansa. Exemplo disso é que Satanás semeará a discórdia entre os irmãos. Não estarão ainda cicatrizadas todas as feridas, e não crescerá uma geração até que a terra, o ar e os mares se tinjam de tanto sangue como até hoje não se viu. Esta terra será impregnada de lágrimas, cinza e sangue de mártires da santa causa. No coração do país a juventude perecerá na fogueira do sacrifício. Crianças inocentes morrerão pela espada. Esses novos e incontáveis mártires suplicarão diante do trono da justiça de Deus por vós, quando se realizar a batalha final pela alma da nação, quando sereis julgados. No fogo de longas provações a fé será purificada, a esperança não desaparecerá, o amor não cessará. Andarei entre vós, vos defenderei, vos ajudarei, por vosso intermédio ajudarei o mundo.

—Bendita seja, minha mãe. Podemos ter esperança num final feliz para esta história?

—Para surpresa de todas as nações, da Polônia surgirá a esperança para a humanidade atormentada. Então todos os corações se moverão de alegria, como há mil anos não houve. Este será o maior sinal dado à nação, para que caia em si e para que se reconforte. Ela vos unirá. Então, nesse país atormentado e humilhado descerão graças excepcionais como não houve há mil anos. Os corações jovens se moverão. Os seminários e conventos estarão cheios. Os corações poloneses expandirão a fé no oriente e no ocidente, no Norte e no sul. A paz de Deus se estabelecera.

—Glória a Deus!

—Tenho um pedido especial a fazer: Desejo que as pessoas se unam em oração rezando o meu rosário. Da mesma forma, quero que os sacerdotes celebrem as missas com um maior comprometimento. Com relação a imagem, peço que a transfiram para um local mais adequado. No futuro, será construído um mosteiro e um santuário dedicados a mim. Por serem tão dedicados à minha causa, os cobrirei de bênçãos e glórias. Absolutamente nada poderá fazer mal a vocês.

—Farei o que estiver ao meu alcance, minha mãe. Pode ficar tranquila.

—Eu sei, bom servo. Deixo minha paz contigo!

—Obrigado!

Os anjos rodearam Nossa Senhora carregando-a pelos braços. Em seguida, voaram na direção do cosmo. O pastor ficou pensativo por alguns instantes sobre a melhor estratégia a ser adotada naquela situação. Terminou decidindo seguir exatamente os passos dados.

Passou-se um tempo. Apesar de todo o esforço desprendido pelo servo, ninguém lhe dava atenção. Com a sua prisão, a situação se agravou. O povo só reconheceu as mensagens da mãe de Deus após uma epidemia de cólera. Com isso, fizeram penitência. Também foi instaurado uma comissão cujo objetivo maior era verificar a veracidade da aparição. A conclusão deste processo se deu positiva.

A imagem foi transferida várias vezes até ficar em definitivo na sétima maior Igreja da Europa, a glória de sua região. Com o passar do tempo, a devoção à Virgem Mãe de Deus aumentou no país o que engradeceu o nome de Maria em toda a Europa. Nossa Senhora de Lichen é a protetora especial de todos os Poloneses.

Nossa senhora de Lourdes
França-1858

PRIMEIRA APARIÇÃO

11 de fevereiro de 1858-Uma quinta feira

Bernadete, sua irmã Marie e uma amiga foram enviadas ao campo visando pegar galhos secos. Costumeiramente, faziam de bom grado este trabalho que lhes dava a sensação de estar sendo útil. A caminho desta tarefa, combinaram de ir mais longe mais precisamente até o encontro da água do canal e o Gave.

No momento exato da travessia da água, próximo a uma gruta, as duas companhias de Bernardete começaram a atravessar a água enquanto a mesma ficava em dúvidas se poderia fazer isso também. Isso se explica por recomendação médica de não tomar friagem.

Passado uns cinco minutos, finalmente tomou coragem e começou a tirar as meias. Foi nesse exato momento que ouviu um barulho semelhante a ventania. Olhando para o lado oposto da gruta, percebeu as árvores paradas o que lhe acalmou um pouco. Retomou então o exercício de tirar as meias.

Pouco depois, ao levantar a cabeça na direção da gruta, visualizou uma madame vestida toda de branco. Segundo sua descrição, além do vestido, tinha um véu branco, um cinto azul, uma rosa em cada pé e segurava um terço. Assustada, a menina tentou pegar seu terço e fazer o sinal da cruz, mas não teve êxito na primeira tentativa. Com um pouco mais de tempo, ficou mais tranquila. Conseguiu fazer o sinal da cruz e iniciou a reza do terço.

Durante toda a oração, a estranha dama permanecia ao alcance dos seus olhos enigmaticamente. Ao término desta atividade religiosa, a aparição fez sinal para que se aproximasse. O medo, entretanto, impediu-lhe. Percebendo a fragilidade da menina, a bela dama se afastou e desapareceu na imensidão da gruta.

Sozinha, a querida garota terminou de tirar os sapatos. Atravessou a água indo se encontrar com suas companheiras. Após, cataram os galhos secos iniciando o retorno para casa. Incomodada por tudo o que tinha acontecido, ela entrou em contato com as outras.

—Vocês viram algo?

—Não, não vi. Você viu algo, Marie? —Perguntou a amiga.

—Também não vi. O que foi que você viu, irmã? —Questionou Marie.

—Se vocês não viram, também não vi—Desconversou Bernardete.

A estranha conversa deixou as outras garotas totalmente desconfiadas. Por isso, durante o caminho, não paravam de lhe fazer perguntas. Insistiram tanto que a vidente não teve outra opção senão contar.

—Está bem. Eu vi uma senhora com terço na mão na gruta. Ficamos um tempo a nos admirar e a rezar o terço.

—Quem era, irmã? —Indagou Marie.

—Não tive coragem de perguntar. O medo foi muito grande—Justificou Bernadete.

—Devia ter perguntado. Só assim não ficávamos na dúvida—Observou Marie.

—Interessante! Que pena não termos a visto! —Lamentou a amiga.

—Vocês guardam isto como segredo? Indagou Berna.

—Não se preocupe. Nossas bocas são como um túmulo—Garantiu a amiga.

—Exato! Ninguém deverá saber—Falou Marie.

A conversa se encerrou e as meninas continuaram cumprindo o trajeto. Ao chegar em casa, não cumpriram a promessa contando a história de aparição a todos. Esta foi em resumo a história da primeira aparição.

SEGUNDA APARIÇÃO

14 de fevereiro de 1858, um domingo

Voltando ao mesmo local na companhia de outras moças, Bernardete levou consigo uma garrafa de água benta. Corajosamente, adentraram na gruta iniciando as orações. Logo no início desta atividade, a estranha senhora novamente apareceu na visão da vidente.

Instintivamente, a clarividente começou a jogar água benta na aparição dizendo:

—Se tu vens da parte de Deus, que permaneça. Se não, que vá embora.

A visão sorria e movimentava a cabeça sem dizer nada o que aumentava a dramaticidade da situação. Afinal, quem seria ela e o que procurava? A água benta foi jogada nela até o fim. Quando se conclui o terço, a mulher misteriosamente desapareceu. Com isso, aquele grupo de jovens retornou para as suas respectivas casas.

TERCEIRA APARIÇÃO

18 de fevereiro de 1858, Uma Quinta-Feira

Voltando ao local com pessoas pertencentes à elite, a vidente levava consigo tinta e papel seguindo o conselho de alguns. Ao iniciar a reza do terço, novamente a mulher apareceu. Foi então estabelecido o primeiro contato.

—Se tens algo a dizer, diga que estarei anotando—Disponibilizou-se Bernadete.

—Não será necessário escrever o que tenho a dizer. Contudo, quer ter a graça de me visitar aqui durante quinze dias?

—Sim—Prontificou-se a serva de Deus.

—Fico feliz por sua decisão. Continue a oração com muita fé. Estarei sempre vos abençoando—Disse a aparição.

—Amém—Desejou a pequena garota.

Continuaram na oração do terço e ao final dela a visão novamente desapareceu. O mistério permanecia e então os que estavam na gruta retornaram para casa.

QUARTA APARIÇÃO
19 de fevereiro de 1858, uma sexta-feira

A vidente e cerca de seis amigas adentraram na gruta em busca da misteriosa mulher. Ao iniciar a reza do terço, a partir da terceira ave Maria, a visão da estranha senhora é bastante nítida durante cerca de trinta minutos. É o tempo suficiente para que ela transmita algumas orientações secretas de devoção. Quando se conclui o terço, misteriosamente desaparece. Como combinado, a profeta e as amigas prometem retornar no outro dia.

QUINTA APARIÇÃO
20 de fevereiro de 1858

Logo cedinho, Bernadete e mais trinta testemunhas chegaram na gruta. Assim que iniciaram as orações, a dama dos céus se revelou a serva. A lição do dia foi ensinar-lhe uma oração que deveria ficar em segredo. Ao terminar esta tarefa, despediram-se. Mais um dia havia sido cumprido.

SEXTA APARIÇÃO
21 de fevereiro de 1858

Bernadete retornou a gruta com um contingente de cem pessoas. As sete horas da manhã, a gloriosa madame se apresentou:

—Bom dia! Que a paz esteja contigo!

—Assim seja. O que deseja por hoje?

—Vim recomendar-lhe que persevere no seu caminho. Em especial, ore pelos pecadores.

—Farei isto. Mas ás vezes as pessoas são tão rudes e insensíveis.

—É verdade. Porém, Deus tudo pode. Ele solicita sua cooperação.

—Sinto-me agraciada com este convite. Não quero nada em troca por isso.

—Você não quer, mas Deus te dará. Eu vos prometo a felicidade.

—Aqui? Neste mar de maldade?

—Na terra vos prometo segurança e paz. A felicidade será alcançada nos céus.

—Que seja feita em mim conforme vossas palavras.

—Amém! Paz e bem! Vou ter que ir agora.

—Vá em Paz!

Sumindo na escuridão da gruta, a iluminada deixou os servos a rezar. Com certeza, mais bênção seriam enviadas por aquele ser de pura luz.

Saindo da gruta com a multidão, a vidente iniciou o retorno para casa. Neste ponto da história, as aparições já eram de conhecimento de muitas pessoas o que gerava cada vez mais boatos.

Um dos que ficara sabendo deste fato, foi o delegado da cidade Dominique Jacomet. Ele era um homem bruto descrente das religiões primando pela boa ordem pública. A repercussão das aparições era tanta lhe forçando a investigar o caso. Com isso, a clarividente foi chamada para depor.

Por ser uma cidadã cumpridora dos seus deveres, ela atendeu sua convocação sabendo que não tinha nada a temer. Na tarde deste mesmo dia, ela visitou o oficial em seu trabalho. Reunindo-se em uma sala particular, começou a ser interrogada.

—Senhorita, vos chamei aqui para que dê esclarecimentos. É sabido em toda comunidade das prováveis aparições. O que me diz sobre isso? —Indagou o delegado.

—Tenho a honra de ter sido escolhida pelas forças do céu. De nenhuma força isso me engrandece ou me enobrece. Apenas faço parte dum plano maior—Respondeu a entrevistada.

—Como é que é? Está tentando me convencer de que isso é verdade? Logo a mim?

—Não me admire que possa acreditar. Afinal, Deus tudo pode.

—Bobagens! Eu não acredito em fadas, duendes, boi da cara preta ou mesmo espíritos! Já não me basta me preocupar com os processos? Agora também terei que cuidar de alienadores?

—Não é nenhuma alienação. E apenas a ação de Deus!

—Chega! Já tirei minhas próprias conclusões! A partir de agora, lhe proíbo de voltar a gruta.

—Mas que mal faço?

—Apenas não quero que isso se torne algo maior. Volte para casa e obedeça.

—Respeito sua autoridade, mas não posso prometer isso.

—Está avisada. Caso insista, vai ter que aguentar as consequências. Pauta encerrada!

Bernadete saiu da sala e da delegacia. A audiência com o delegado tinha lhe deixado apreensiva. Conquanto, carregava em seu peito a certeza de que nenhum homem poderia ser maior do que Deus. Pensaria em algo sobre isso. Chegando em casa e contando sobre a entrevista com o delegado, o pai a repreendeu fortemente proibindo-lhe seu acesso a gruta. A jovem caiu em prantos por saber que tudo ficaria mais difícil em relação ás suas pretensões.

SÉTIMA APARIÇÃO
22 de fevereiro de 1858
O delegado estava convicto de sua decisão. Visando dar cumprimento ás suas ordens, colocou soldados guarnecendo a gruta. Embora estivesse proibida, a corajosa menina insistiu na promessa feita a Deus. Milagrosamente, os adversários não se aperceberam de sua presença e ela pode entrar naquele local sagrado. Como de costume, orou em voz baixa. Entretanto, nada aconteceu. Desta vez, a visita não tinha chegado. Voltando a cidade, soube da suspensão da proibição. Esta foi uma vitória pessoal do cristo contra Satanás.

OITAVA APARIÇÃO
24 de fevereiro de 1858
Era uma calorosa e tranquila quarta-feira. Próximo a gruta, havia cerca de trezentas pessoas. O anticristo bradava contra multidão.

—Como é possível que em pleno século XIX haja ainda tantos idiotas?

Em resposta, os devotos Marianos entoavam cânticos em honra a Virgem. Bernadete entra em êxtase por alguns instantes. Geralmente, é nestes momentos que recebe as mensagens. Voltando-se a multidão, a venerável mulher conclama:

—Penitência, penitência, penitência! Rezai a Deus pela conversão dos pecadores!

Em lágrimas, a multidão promete cumprir o pedido. As forças das trevas tinham perdido mais uma batalha frente ao poder de Nossa Senhora. A figura dela pisando numa cobra representa a esperança dos humildes em Deus. Bendita seja a nossa mãe!

NONA APARIÇÃO
25 de fevereiro de 1858

A vidente e mais trezentas pessoas se encontram nas proximidades da gruta quando a dita aparição surge.

—Bom dia, minha amada amiga. Sua tarefa de hoje é ir à fonte e lavar-te. Comerás da erva que lá está.

—Farei isto agora mesmo—Prontificou-se a querida serva.

A clarividente fez conforme o pedido da santa. A visão despareceu e a jovem se viu obrigada a dar por encerrado os trabalhos do dia. Comparecendo diante da multidão que lhe esperava ansiosamente, perguntaram:

—Sabes que acham que estás louca por fazeres essas coisas?

—É pelos pecadores—Responde a venerável devota.

Com o assunto encerrado, voltaram cada um as suas respectivas casas.

DÉCIMA APARIÇÃO
27 de fevereiro de 1858

Cerca de oitocentas pessoas comparecem a este ato. Bernadete bebe água sagrada, se penitencia e faz correntes de orações. A estranha senhora observa tudo isso em silêncio.

DÉCIMA PRIMEIRA APARIÇÃO
28 de fevereiro de 1858

A plateia aumenta cada dia. Agora são mil pessoas assistindo a vidente entrando em êxtase, orando, beijando a terra e de joelhos em sinal de mortificação. Por conta da repercussão destes atos, é levada diante do juiz sendo a mesma ameaçada de prisão. Novamente, as forças das trevas agiam tentando atrapalhar o caminho desta discípula de cristo.

DÉCIMA SEGUNDA APARIÇÃO

01 de março de 1858

A fama das aparições crescia cada vez mais. Em consequência disso, o público expectador desse dia superava as cinco mil pessoas. Seguiu-se o mesmo ritual das outras vezes com a força da luz acompanhando tudo. Com a saída de todos, Catarina Latapie, uma amiga da vidente, foi a gruta acreditando no poder milagroso da fonte que ali se encontra. Ao molhar o braço doente, o braço e a mão misteriosamente são curados resultando na volta dos movimentos. Estava ali a prova de que Deus agia naquele lugar.

DÉCIMA TERCEIRA APARIÇÃO

02 de março de 1858

A multidão aumenta consideravelmente. Assim que se inicia a corrente de orações, a madame aparece.

—Bom dia, minha amiga de coração. Tenho um pedido a fazer no dia de hoje: Vai dizer aos sacerdotes que venham aqui em procissão e que construam uma capela.

—Bom dia! Vou repassar a mensagem agora mesmo.

Deslocando-se até o grupo de padres ela entra em contato.

— A senhora que aparece a mim pede para que organizem uma procissão a este lugar e que se construa uma capela.

—Exijo duas coisas para isso: Quero saber o nome dessa Senhora e ver um milagre. Não acreditarei nela enquanto não fazer florir a roseira brava da gruta—Replicou o Pe. Peyramale.

—Repassarei suas exigências, caro sacerdote—Concordou Bernadete.

Voltando junto a aparição, faz a pergunta, mas a visão permanece em silêncio. Pouco depois, some entristecendo todos os expectadores. Ainda não tinha sido desta vez.

DÉCIMA QUARTA APARIÇÃO
03 de março de 1858

Pela manhã, a vidente comparece a gruta acompanhada por cerca de três mil pessoas. Apesar de todas as etapas rituais terem sido seguidas à risca, a visão não aparece deixando um pouco de frustração nas pessoas. Mais tarde, a vidente recebe uma mensagem da mulher pedindo seu retorno a gruta. Lá, ela se manifesta novamente. Seguindo o pedido do padre, a jovem faz a mesma pergunta de sempre. Em resposta, recebe um sorriso. Ao sair da gruta, ela volta a entrar em contato com o padre que reitera sua exigência: "Se ela quer mesmo uma capela, que diga seu nome e faça florir a roseira da gruta em pleno inverno".

A jovem abençoada retorna para casa cheia de esperanças de ver este milagre cumprido. Afinal, não existe nada impossível a Deus.

DÉCIMA QUINTA APARIÇÃO
04 de março de 1858

A multidão aumenta consideravelmente: Agora são oito mil pessoas em busca duma resposta pessoal da visão tão deslumbrante. Contrariando todas as expectativas, a mulher permanece em silêncio diante de todas as perguntas. O mistério em torno desta figura ficava cada vez maior. Durante vinte dias, Bernadete não retorna a gruta.

DÉCIMA SEXTA APARIÇÃO
25 de março de 1858

Era uma manhã serena e acalorada quando a garota novamente entrou na gruta. Como de costume, começou a rezar o terço. Nisto, a iluminada apareceu.

—Estou aqui novamente. Tende fé em Deus e em mim. Eu me chamo a Imaculada Conceição.

—Tenho muita fé. Repassarei sua mensagem aos padres.

Saindo correndo alegremente, a serva de Deus contou o ocorrido aos sacerdotes. Eles se impressionam, pois, o título "Imaculada Conceição" havia sido dada como honra a Nossa Senhora e tida como um dogma. O mistério estava, pois, solucionado.

DÉCIMA SÉTIMA APARIÇÃO

07 de abril de 1858

Diante da multidão, Bernadete acende a vela. Sua mão foi envolvida em chamas durante este processo. Ao final deste ato, verificou-se que ela não sofreu nenhuma queimadura aumentando o rol de milagres da virgem Imaculada.

DÉCIMA OITAVA APARIÇÃO

O acesso à gruta fora proibido para infelicidade de todos os fiéis de Nossa Senhora. Como alternativa, Bernadete usa outra rota a fim de se aproximar no local. A visão que tem é de Nossa Senhora do monte Carmelo acenando em despedida. Encerrava-se assim esse ciclo de aparições.

CONCLUSÃO

Quatro anos depois, as visões foram dadas como autênticas. A vidente entrou na congregação das filhas da caridade onde ficou até sua morte. Sua canonização se concretizou aos 08 de dezembro de 1933.

Nossa Senhora do Bom Socorro

09 de outubro de 1859
Champion Wisconsin-EUA

A freira Adele e outros vizinhos foram buscar trigo nas proximidades de Champion. Em dado ponto, ela foi surpreendida com a aparição duma mulher em pé entre duas árvores. A senhora usava vestes brancas, seu cabelo era ruivo, olhos escuros e profundos poderosamente fixados na jovem. Cheia de medo, a nossa irmã em cristo ficou pensando no que deveria fazer até que a visão simplesmente desapareceu. Ela então voltou ao convento.

Mais tarde, passando pelo mesmo local, voltou a ver a imagem. Ao chegar ao convento, ainda assustada, revelou o segredo ao seu confessor pessoal:

—Padre, uma mulher apareceu para mim duas vezes. O que devo fazer?

—Entre em contato com ela. Se for do céu, não lhe fará mal algum.

—Está bem!

Seguindo o conselho dele, a freira retornou ao local das aparições. Como esperado, apareceu à mesma senhora. Mais calma, ela entrevistou a visão.

—Quem é? E o que quer de mim?

— Eu sou a Rainha do Céu, que reza pela conversão dos pecadores, e desejo que vocês façam o mesmo. Você recebeu a Sagrada Comunhão esta manhã e está bem. Mas você deve fazer mais. Faça uma Confissão geral e ofereça a Comunhão pela conversão dos pecadores. Se eles não converterem e fizerem penitência, meu Filho será obrigado a puni-los. Felizes os que creem sem ver. O que você está fazendo aqui na ociosidade enquanto seus companheiros estão trabalhando na vinha do meu Filho? Reúna as crianças deste país selvagem e ensine-lhes o que devem saber para a salvação. Ensine-os o Catecismo, como fazer o Sinal da Cruz e se aproximar dos Sacramentos. Isto é o que eu desejo que você faça. Vá e não tenha medo. Eu vou ajudar.

—Estou honrada com a entrega dessa missão tão gloriosa. Bendita seja entre todas as mulheres!
—Bendito seja o Nosso Deus!
—Farei o que me pede.
—Fique em paz então! Que unamos nossas forças para que mais pecadores se convertam! Eu não quero a perdição de nenhum destes pequenos.
—Nem eu! Obrigada, minha mãe!
—Por nada, filha!
Dito isto, a madame se elevou a olhos vistos indo se reunir aos anjos no céu. Esta foi mais uma das aparições registradas visando sua maior glória. Bendita seja a nossa mãe!

Nossa Senhora da Esperança

Pontmain-França-1871

Por volta das seis da tarde do dia 17 de janeiro, Eugênio Barbeie-te cuidava de seu irmão menor. Neste momento, chegara a vizinha chamada Joana Details. Ela veio para conversar um pouco e matar as saudades dos seus queridos amigos. Com a interrupção de seus afazeres, Eugênio teve vontade de sair um pouco e assim o fez.

Neste instante, surpreendeu-se ao visualizar uma senhora flutuando alguns metros acima duma casa vizinha. A bela mulher resplandecia como o sol. Sua vestimenta era azul adornada com brilhantes estrelas e seu par de sapatos eram azuis com fivelas de ouro. Além disso, usava na cabeça um véu preto cuidadosamente sobreposto por uma coroa de ouro.

O menino ficou admirando a figura por um tempo. Pouco depois, a vizinha saiu também para fora e ele aproveitou a situação para falar com ela.

—Joana, a senhora não enxerga nada lá em cima da casa do vendedor de fumo? —Perguntou a criança apontando com o dedo indicador para a o local da visão.

—Não vejo nada, meu filho—Disse categoricamente a vizinha.

Nisto, os pais do garoto também saem, mas não conseguem ver nada. Já o menino mais novo visualiza a mesma imagem. Os outros não acreditam em suas versões e lhes obrigam a entrar na casa para jantar. Mais tarde, obtém licença para sair novamente. Lá estava novamente a visão e eles ficam maravilhados.

A notícia da aparição percorreu o povoado e logo se juntaram aos menos uma boa quantidade de pessoas. Dentre eles, apenas duas alunas do convento conseguem descrever a visão. O padre incitou os outros a rezar e entoar cânticos. Com isso, fatos notáveis aconteceram. Passaram-se três horas até a visão desaparecer por completo. A mensagem dada nesta oportunidade é a seguinte: "Mas rezai, meus filhos; Deus vos atenderá dentro em breve; meu filho está prestes a comover-se."

Nossa Senhora de Pellevoisin

Pellevoisin - França – 1876

UM POUCO SOBRE A VIDENTE

Nascia, aos 12 de setembro de 1839, Estela Faguette. Menina doce e encantadora, logo recebe as instruções religiosas e educacionais necessárias em sua infância. Aos onze anos, algo marcante aconteceu em sua vida: Foi a escolhida da comunidade a levar o pendão de Nossa Senhora na procissão comemorativa do dogma da Imaculada Conceição. Foi muito especial este momento que lhe proporcionou alegria e uma aproximação maior com a mãe de Deus.

Três anos mais tarde, foi obrigada a mudar para Paris buscando melhores condições de vida para a família. Nesta época, começa a frequentar um convento o que amadurece sua devoção por Maria. Gosta tanto do ambiente que acaba começando o processo de integração religiosa. Por três anos consecutivos, faz um belo trabalho de pregação envolvendo também o auxílio aos mais necessitados. Ao final deste tempo, é obrigada a deixar a vida religiosa indo trabalhar em casa de família a fim de ajudar seus pais.

Na estação quente, seus patrões mudam para a casa de verão localizada próximo de Pellevoisin. Estela e seus pais os acompanham.

A DOENÇA DE ESTELA

Estela adoece gravemente. Mais perto da filha, os familiares da empregada dão o suporte afetivo necessário para ela neste momento. Seu estado de saúde fica tão delicado a ponto de seus patrões comprarem um terreno no cemitério da cidade. Ao catorze de fevereiro, seu médico pessoal lhe dá o ultimato: Não tem mais do que poucas horas de vida. Nesta ocasião, a garota já tem se conformado com o seu fim. Pelo menos, se sente amparada ao lado dos pais.

As doenças malditas que lhe infligiam sofrimento são: Tuberculose pulmonar, peritonite aguda e tumores abdominais. Meses antes, movida por sua última esperança de ficar curada, escrevera uma carta endereçada a Virgem Maria enviada exatamente para a gruta dedicada à Nossa Senhora de Lourdes. Eis o conteúdo da carta:

"Ó minha boa Mãe, eis-me de novo prostrada a vossos pés. Não podeis recusar ouvir-me. Não esquecestes que sou vossa filha, que vos amo. Concedei-me, pois, pelo vosso divino Filho, a saúde do corpo, para sua glória.

Olhai a dor de meus pais, sabeis bem que não me têm senão a mim como recurso. Não poderei acabar a obra que comecei? Se não puderdes, por causa dos meus pecados, obter-me a cura completa, podereis ao menos obter-me um pouco de força para poder ganhar a vida e a de meus pais. Bem vedes, minha boa Mãe, eles estão em vésperas de ter de mendigar o pão, não posso pensar nisso sem ficar profundamente aflita.

Recordai-vos dos sofrimentos que suportastes, na noite do nascimento do Salvador, quando fostes obrigada a ir de porta em porta pedindo asilo! Recordai-vos também do que sofrestes quando Jesus foi colocado na Cruz! Tenho confiança em vós, minha boa Mãe, se quiseres, o vosso Filho pode curar-me. Ele sabe que desejei vivamente ser do número das suas esposas e que foi para lhe ser agradável que sacrifiquei a minha existência pela minha família que tanto precisa de mim.

Dignai-vos escutar as minhas súplicas, minha boa Mãe, e transmiti-las ao vosso divino Filho. Que Ele me devolva a saúde se for do seu agrado, mas que seja feita a sua vontade e não a minha. Que pelo menos me conceda a resignação total aos seus desígnios e que isso sirva à minha salvação e à de meus pais. Possuís o meu coração, Virgem Santa, guardai-o sempre e que ele seja o penhor do meu amor e do meu reconhecimento pela vossa maternal bondade. Prometo-vos, minha boa Mãe, se me concederdes as graças que vos peço, de fazer tudo quanto de mim depender para vossa glória e do vosso divino Filho.

Tomai sob a vossa proteção a minha querida sobrinha e colocai-a ao abrigo dos maus exemplos. Fazei, ó Virgem Santa, que vos imite na vossa obediência e que um dia possua convosco, Jesus, na eternidade."

Como resposta a esta carta, iniciaram-se a sequência de aparições tidas como autênticas pela comunidade cristã.

PRIMEIRA APARIÇÃO
14 de fevereiro de 1876
É noite do dia 14 de fevereiro de 1876. A serva de Deus se encontra num momento muito frágil. Perto da meia noite, aparecem umas duas figuras à beira de sua cama. Acompanhe a descrição da própria vidente: "De repente, o diabo apareceu ao pé da minha cama. Ó! Como tive medo. Era horrível, fazia-me caretas quando me apareceu a Virgem do outro lado da cama".

Nisto, o diálogo entre eles começou:

—Que fazes aqui? Não vês que Estela está revestida da minha libré (escapulário)? —Indagou Maria se referindo a Satanás.

—Vim porque quero vê-la em seus últimos momentos. Isto me dá muito prazer—Disse Sarcasticamente Satanás.

—Monstro! Porque ages assim? —Indagou a empregada.

—Porque sou o demônio, ora bolas—Respondeu Satanás.

—Calma, minha filha. Não tenha medo nenhum deste monstro—Pediu Maria.

—Tenho firme convicção de que vou ficar bem—Afirmou a doente.

—Que bom! —Alegrou-se Maria.

As figuras desaparecem na escuridão da noite sem maiores explicações. Esta foi a primeira dita experiência espiritual da moribunda.

SEGUNDA APARIÇÃO
14 de fevereiro de 1876
Nessa mesma noite, na madrugada, A virgem reaparece mostrando-se com um olhar preocupado e cuidadoso em relação a sua serva.

—Estou aqui, minha filha. Quero ampará-la em meus braços diante de sua fragilidade—Anunciou a Imaculada.

—Obrigada, minha mãe. Entretanto, estou ainda muito perturbada com os pecados que cometi no passado e que aos meus olhos eram faltas ligeiras—Comentou a doente.

— As poucas boas ações e algumas orações fervorosas que me dirigiste tocaram o meu coração de mãe, estou cheia de misericórdia—Revelou a nossa mãe.

—Estas palavras me tranquilizam—Afirmou a venerável cristã.

—Ainda bem! Tenho três notícias a lhe dar: Durante cinco dias consecutivos, irei ver-te; Sábado, morrerás ou ficarás curada; se meu filho te conceder a vida, publicarás a minha glória—Disse Maria.

—Estou comovida. Suplico que me diga se vou ficar curada ou não—Pediu encarecidamente a devota de Maria.

—Concedo. Recebi sua carta e digo que ficará curada—falou a Iluminada.

—Glória a Deus e bendita és tu entre as mulheres. Não sei como agradecer tamanha graça.

—Faça o bem sempre e já somos recompensados. Encare este período difícil como uma prova.

—Seguirei seu conselho—Prometeu Estela.

—Fico feliz. Agora vá dormir, minha filha.

Dito isto, a mãe de Deus desapareceu no meio da noite escura. Cansada, a moribunda dormiu sentindo-se um pouco melhor. O dia posterior seria mais um momento de provação e purificação de sua alma.

TERCEIRA APARIÇÃO
15 de fevereiro de 1876

Estela pensou em todos os fatos ocorridos em sua breve vida. A sua existência fora uma reunião de coisas boas e ruins com predominância dos fatos bons. Então pensou: Por que não morrer agora em estado de graça?

Assim que a virgem apareceu na beira do seu leito, ela se propôs a contestar isso.

—Boa noite, minha filha. Está melhor? —Indagou a virgem.

—Um pouco melhor. Minha mãe, com todo respeito, se eu pudesse escolher, gostaria de morrer enquanto estou bem preparada—Solicitou a moribunda.

— Ingrata! Se o meu Filho te devolve a saúde, é que tens necessidade. Se o meu Filho se deixou tocar, foi por causa da tua grande resignação e paciência. Não lhe percas o fruto por causa da tua escolha—Sentenciou a imaculada.

—Mil perdões. Realmente não conheço os desígnios do pai. Aceito com resignação continuar a missão—Rebaixou-se a serva.

—Ainda bem que você refletiu. Deixo minha paz e a felicidade contigo. Melhoras!

Dito isto, Maria elevou-se até desaparecer por completo. Uma onda de satisfação e de alegria preencheu o espírito de Estela. Ela tinha muito que aprender.

QUARTA APARIÇÃO
16 de fevereiro de 1876

A devota Mariana melhorou um pouco de saúde desde as últimas aparições. Corpo e mentes iam reagindo pouco a pouco mesmo diante duma doença altamente perigosa. Quem é como Deus? Para ele, nada é impossível. Sentindo-se satisfeita, esta serva venerável continuava a receber as visitas da bem-aventurada Virgem Maria.

Na noite deste respectivo dia, ela sentou à beira da cama entrando novamente em contato.

—Minha bem-aventurada Virgem, porque escutaste justamente a mim, uma pobre pecadora? —Perguntou Estela.

—Eu lhe explico. Essas poucas boas ações e algumas orações fervorosas que me dedicaste, tocaram o meu coração de Mãe; entre outras, essa pequena carta que me escreveste em setembro de 1875. O que mais me tocou, foi esta frase: vede a dor dos meus pais se viesse a faltar-lhes. Estão em vésperas de mendigar o pão. Recordai-vos que também sofrestes quando Jesus vosso Filho foi posto na Cruz. Mostrei esta carta a meu Filho—Revelou Maria.

—E o que ele disse? —Curiosamente Estela.

—Que iria te curar. Em troca, você deveria publicar minha glória—Confirmou a mãe de Deus.

—Mas como ei de fazer? Não sou grande coisa, não sei como poderia fazer isso—Ficou em dúvidas a serva de Maria.

—Eu te iluminarei. Cada coisa a seu tempo. Agora descanse, minha filha—Recomendou a Iluminada.

—Certo. Obrigada mais uma vez—Agradeceu a jovem.

Num instante, ela voltou a ficar a sós com seus próprios fantasmas. O futuro parecia grandioso e prometedor neste momento.

QUINTA APARIÇÃO
17 de fevereiro de 1876

Era uma noite comum como outra qualquer. Repentinamente, apareceu a figura de Maria se aproximando com seu sorriso habitual.

—Estou aqui para lembrar suas obrigações visto que está um pouco melhor—Disse Maria.

—Assim que melhorar por completo, prometo cumprir todas elas—Garantiu a serva.

—Fico feliz. Quer ser minha devota fiel? —Indagou Maria.

—O que devo fazer? —Perguntou Estela.

—Se você quiser me servir, seja simples e deixe que suas ações provem suas palavras—Analisou a santa.

—E se eu me mudar para outro lugar? —Questionou a devota.

—Onde quer que esteja, o que você faz, pode ganhar bênçãos e proclamar minha glória—Falou Maria.

Fazendo uma pausa, a mãe de Deus se entristeceu um pouco e em seguida continuou:

—O que mais me entristece é ver que as pessoas não têm respeito com meu filho na Eucaristia e da forma como as pessoas rezam enquanto suas mentes estão em outras coisas. Digo isto para aqueles que fingem ser piedosos.

—Posso imediatamente proclamar sua glória? —Indagou Estela.

—Sim! Sim, mas primeiro pergunte ao seu confessor o que ele pensa. Você encontrará obstáculos, será provocada e as pessoas vão dizer que você é louca. No entanto, não dê atenção a elas. Seja fiel a mim e eu vou ajuda-la—Disse a Virgem.

A Imaculada desapareceu como fumaça. Seguiu-se um período de excitação, sofrimento e dor para a doente. Exatamente ás 12:30 já se sentia melhor. À noite, revelou seu confessor as aparições. Seguindo seus conselhos, participou da missa posterior onde ficou completamente curada. Bendita seja a nossa santa Mãe!

SEXTA APARIÇÃO
01 de julho de 1876

Estela retomou suas atividades normais. Particularmente, estava engajada na promoção da devoção de nossa senhora como uma forma de gratidão pela sua cura. Nesta atividade, se sentia feliz, realizada e com uma paz indescritível.

Após o dia de labuta normal, esta serva se encontrava reunida em seu quarto em oração. Próximo das dez horas da noite, lhe apareceu a virgem cercada de luz.

—Fique calma, minha filha, paciência, será difícil para você, mas estou com você—Garantiu a Iluminada.

A devotada serva se encontrava tão em estado de êxtase que não pode responder. A mãe de Deus permaneceu ali por alguns instantes e ao despedir-se disse:

—Coragem, eu devo retornar.

Elevando-se aos céus, Maria lhe abençoou. A empregada ficou pensando em todos os acontecimentos. Mais tarde, se rendeu ao cansaço indo dormir.

SÉTIMA APARIÇÃO
02 de julho de 1876

Os dias eram bastante corridos para este doce jovem. Apesar de estar sempre ocupada em seus afazeres, não parava de pensar nas aparições e no que elas representavam em sua vida. Por isso, não esperava da noite chegar e reencontrar a amada mãe.

Exatamente ás 10:30 Hs foi para cama esperando ver mais uma visão paranormal. Conquanto, estava tão cansada que adormeceu. Uma hora depois acordou e rezou suas orações habituais. Foi quando recebeu novamente a visita da bem-aventurada mãe de Deus.

—Estou satisfeita com seu trabalho. Através de você, muitos pecadores irão se converter para uma nova vida. Continue, meu filho ganhou mais almas que se dedicaram a ele mais profundamente. Seu coração é tão cheio de amor para o meu coração, que ele nunca pode recusar-me qualquer coisa. Para mim, ele vai tocar e amolecer os corações mais duros—Confidenciou a Virgem Maria.

—Peço-vos um sinal. Minha boa mãe, por favor, para sua glória—Solicitou a serva.

—E a sua cura, não é uma grande prova do meu poder? Eu vim especialmente para salvar os pecadores—Disse Maria.

—Sim, é verdade, minha mãe—Concordou a devota.

—Com relação a milagres, deixe o povo ver isso—Concluiu Maria.

Dito isto, a iluminada desapareceu sem maiores explicações. O trabalho de hoje estava cumprido. Esgotada, a serva de Deus adormeceu novamente.

OITAVA APARIÇÃO
03 de julho de 1876
A empregada de Maria se encontrava em reflexão em seu quarto quando novamente recebeu a visita da rainha dos céus. Nesta ocasião, estava tão bela quanto das outras vezes.

—Quero que você seja mais calma, mais tranquila, eu não disse que dia ou hora eu vou retornar, mas você precisa descansar—Repreendeu-lhe a Virgem.

Antes que a serva de Maria pudesse responder e mostrar como de fato se sentia diante da grande missão apresentada, a virgem lhe sorriu e concluiu:

—Eu vim para acabar com a festa.

A visão se evaporou em seguida. Cada uma destas visões ia criando uma espécie de filme interessante para toda a comunidade católica. Era uma honra para aquela jovem moça ser protagonista de todas estas revelações. Continuaria, pois, em seu trabalho.

NONA APARIÇÃO
09 de setembro de 1876
Nossa amada amiga serva se encontrava rezando o rosário em seu quarto quando teve novamente a visão. Nossa senhora surgiu na figura duma bela mulher. Olhando ao derredor, a aparição constatou:

—Você se privou da minha visita em quinze de agosto, porque não estava calma o suficiente. Você tem um caráter Francês verdadeiro: Eles querem saber tudo antes de aprender e compreender tudo antes de conhecer. Eu poderia ter voltado atrás, você se privou da minha visita porque eu estava esperando por um ato de submissão e obediência suas.

—Eu não estava me sentindo preparada. Antes tarde do que nunca, não é? —Indagou a serva.

—Sim, tem razão. Continue cuidando das minhas ovelhas—Recomendou a Virgem.

Dito isto, olhou para os céus e desapareceu num instante. Sua venerável devota ficou feliz por este encontro depois de tanto tempo.

DÉCIMA APARIÇÃO
10 de setembro de 1876
Neste dia, a mãe de Deus apareceu a santa Estela mais ou menos na mesma hora do outro dia. Foram apenas poucos instantes em que ela ficou no quarto aproveitando para dizer:

—Eles devem orar. Vou lhes dar um exemplo.

No instante posterior, ela junto as mãos e acenou em despedida. Em seguida, a empregada foi descansar dos seus longos trabalhos ao longo do dia. Porém, estava satisfeita com os resultados dos seus esforços.

DÉCIMA PRIMEIRA APARIÇÃO
15 de setembro de 1876
Foram cinco dias longos em que a vidente esteve em um retiro interno espiritual. Conciliando trabalho e vida religiosa, a jovem se sentia completamente realizada em seus propósitos. Mas parecia que havia um bloqueio em sua vida. Foi por conta disto que a Virgem lhe apareceu novamente.

Como sempre, teve a visão num momento de reflexão e oração em seu quarto. Plenamente iluminada, Maria demonstrou um semblante triste e preocupado para a serva.

—Boa noite, minha Senhora, que bom que veio. Estava pensando sobre todos os fatos da minha vida. Concluí que vivi uma noite escura perversa a qual me persegue até hoje—Constatou Estela.

—Você precisa superar. É verdade que tenha cometido muitas falhas. Mas sua carta e seu arrependimentos possibilitaram um milagre. Cabe agora seguir a vida com mais otimismo—Disse Maria.

—Espero conseguir. E quanto a situação dos fiéis no país? —Indagou a serva.

—Eu não posso parar mais meu filho. Já fiz todos os meus esforços ao meu alcance—Ressaltou a Imaculada.

—O que vai acontecer então? —Curiosamente a empregada.

—A França vai sofrer—Anunciou a bela mulher.

—Que triste! —Observou a jovem.

—Tenha coragem e confiança—Apoiou a aparição.

—Se eu disse isso, talvez ninguém vai acreditar em mim—Pensou a vidente.

—Eu digo antecipadamente, tanto pior para aqueles que não acreditarem, eles vão reconhecer a verdade das minhas palavras mais tarde—Anunciou Maria.

Dito isto, a mãe de Deus desapareceu deixando sua confidente ainda mais maravilhada com aqueles fatos. Realmente era uma honra participar destes momentos tão importantes. Continuaria, pois, na missão.

DÉCIMA SEGUNDA APARIÇÃO
01 de novembro de 1876

Era o dia de todos os santos. Já fazia um bom tempo desde a última aparição o que deixava nossa querida amiga um pouco triste e entediada. A experiência das visões era tão intensa e boa que ela sempre desejava repetir e foi o que aconteceu neste dia.

Aparecendo de forma comum, com os braços estendidos e usando o escapulário, a mãe de Deus observou ao redor e olhou em direção ao horizonte suspirando. Depois, abriu um largo sorriso transmitindo a serva um olhar de bondade. Em seguida, desapareceu sem dar explicações. Foi o suficiente para preencher o dia de felicidade daquela doce jovem.

DÉCIMA TERCEIRA APARIÇÃO
05 de novembro de 1876
Estela estava terminando de rezar o rosário quando viu a santíssima virgem.
—Oh, Senhora. Sinto-me indigna da missão que me propuseste pois tem tantas pessoas mais capacitadas do que eu para proclamar sua glória—Pensou a serva.
—Eu escolho você. Eu escolhi a mansa e suave para minha glória. Seja valente, sua tarefa está prestes a começar—Disse sorrindo a bela dama.
Após, a virgem santíssima cruzou as mãos desaparecendo na imensidão da noite.

DÉCIMA QUARTA APARIÇÃO
11 de novembro de 1876
Durante alguns dias, esta especial serva de Nossa Senhora se engajou repetidamente em orações buscando inspiração e auxílios dos céus na resolução de suas dúvidas mais críticas. Em dado momento, ela bradou a seguinte frase:
—Lembre-se de mim, Santíssima Virgem Maria.
Imediatamente, a bela senhora apareceu esbanjando um belo sorriso.
—Você não desperdiçou seu tempo hoje, você trabalhou para mim—Disse.
—Você se refere ao Escapulário que fiz? —Indagou a moça.
—Sim. Meu desejo é que faça muitos—Confirmou Maria.

Um silêncio inquietante pairou entre as duas. A expressão da virgem mudou repentinamente de alegria e para tristeza. Concluiu recomendando:

—Coragem!

Manuseando o escapulário e cruzando as mãos, seu espírito desapareceu. Agora, sua amada devota ficaria sozinha tendo que cuidar de suas obrigações.

ÚLTIMA APARIÇÃO

08 de dezembro de 1876

Fazia quase um mês sem aparições da amada virgem para sua devotada serva. Este fato a deixava muito preocupada e pensativa. Ela não parava de pensar nisso na missa que participou. Ao retornar para casa e ficar na privacidade do seu quarto, ela apareceu gloriosamente naquilo que seria a última vez.

—Minha filha, você se lembra das minhas palavras? —Perguntou a virgem.

De súbito, as mais importantes palavras da virgem vieram à tona especialmente com relação à devoção do Escapulário e outros segredos.

—Sim, me lembro perfeitamente, minha mãe—Confirmou a serva.

—Repita essas palavras muitas vezes. Elas vão ajudar você durante suas trilhas e tribulações. Você não me verá mais—Revelou Maria.

—O que deve ser de mim, mãe santíssima? —Desesperou-se a devota.

—Eu estarei com você, mas invisível—Consolou-lhe.

—Vi filas de pessoas empurrando contra mim e me ameaçando, isso me fez muito medo—Falou Estela.

—Você não precisa ter medo deles, eu vos escolhi para anunciar minha glória e divulgar esta devoção—Asseverou Nossa Senhora.

Maria segurava o escapulário nas mãos. A imagem era tão animadora que a serva teve uma ideia.

—Minha amada mãe, por favor, você poderia dar-me este escapulário?

—Venha beijá-lo—Consentiu Maria.

Aproximando-se, a empregada teve o prazer de tocar e beijar a relíquia sagrada o que se tornou o momento mais importante de sua vida. A conversa teve prosseguimento.

—Você mesma, vá ao Prelaat e presenteei-o com o modelo que você fez e diga-lhe que se ele ajuda-la me agrada mais do que ver os meus filhos usá-lo enquanto eles se afastam de tudo que insulta meu povo, enquanto meu filho recebe o sacramento do seu amor e faz todo o possível para reparar o dano que já está feito. Veja as graças que devo derramar sobre todos os que usam ter confiança em mim e ao mesmo tempo difundir esta devoção—Falou Maria.

Estendendo as mãos, a santa fez cair uma chuva abundante. Ela continuou:

— As graças que meu filho te concede são: Saúde, confiança, respeito, amor, santidade e todas as outras graças que existem. Ele não me recusa nada.

—Mãe, o que devo colocar do outro lado do escapulário?

—Eu tenho esse lado reservado para mim—Respondeu a mãe de Jesus.

O tom era de despedida. Uma tristeza inundou o ambiente sabendo ser este o último contato na terra entre as duas.

—Coragem, se ele não fizer o que deseja, vá mais para cima. Não tenha medo. Vou ajuda-la—Recomendou Maria.

Ao dar uma volta pelo quarto, seu espírito voou e desapareceu pelas frestas do quarto. Estava dada por encerrada esta sequência de aparições. Bendita seja a nossa mãe!

Nossa senhora de Knock

Irlanda
21 de agosto de 1879

Knock era uma pequena aldeia com cerca de dez casas. A aparição se deu numa noite tempestuosa e fria: Exatamente na parede do fundo da capela surgiram três pessoas muito belas e um altar. Duzentas pessoas estavam no local neste instante e puderam testemunhar que ali se encontravam Maria, José e São João Evangelista. As visões se repetiram em outras ocasiões e devido a ocorrência de milagres relacionados ao fato, foram tidas como verídicas pela Igreja Católica

As aparições na China

NOSSA SENHORA DE DONG-LU

1900

A China sempre foi um palco de resistência em relação à expansão do cristianismo. No entanto, Nossa senhora sempre procura a conversão dos seus filhos. Fato milagroso ocorreu em junho de 1900.Na época, perseguidores cristãos cercaram o arruado de Dong Lu prestes a exterminar os resistentes. Foi quando a Imaculada apareceu cercada por anjos. Isso foi o suficiente para aterrorizar os opositores e fazê-los correr em debandada.

Salvos do perigo, os moradores construíram um templo em honra a Maria como forma de agradecimento. Em seguida, o santuário foi reconhecido como centro de peregrinação oficial, foi concedido um dia de festa em honra a Nossa Senhora e por último, consagração do país ao seio da virgem Mãe.

O regime comunista da China era o principal antagonista do crescimento do cristianismo na região. Sentindo-se ameaçado, o dito governo reuniu uma tropa de cinco mil soldados além de dezenas de carros blindados e helicópteros atacando o santuário Mariano. A ação resultou em confisco da estátua da virgem Maria e prisão de muitos sacerdotes.

Tida como religião ilegal, o cristianismo é continuamente perseguido na China. Os cristãos na região costumam exercer a religiosidade de forma sigilosa a fim de evitar retaliações. Ainda assim, muitos deles desapareceram ou ficaram presos. É a verdadeira batalha do bem contra o mal.

Um fato que entristeceu o povo católico do mundo foi quando os comunistas destruíram a Igreja de Dong-Lu por ocasião das Olímpiadas de Pequim. Entretanto, a Imagem de Nossa Senhora da China ficou intacta pois não fora encontrada pelos anticristãos.

Nossa Senhora é rainha também da China. Mesmo que Satanás prossiga com sua perseguição não haverão de faltar católicos neste que é o país mais populoso do mundo. Prova disso são as inúmeras aparições relatadas em Dong-Lu. Oremos por todos os nossos irmãos de fé Chineses.

NOSSA SENHORA DE QING YANG
1900

Havia uma camponesa desta região a qual se encontrava bem doente. Ela procurou todos os médicos que conhecia. Entretanto, nenhum tratamento recomendado surtira efeito.

Certa vez, estava a caminhar no campo quando uma bela senhora usando um longo vestido branco e uma faixa azul lhe apareceu no caminho.

—Recolha a erva desta zona. Faça um chá e beba. Prometo sua cura em breve.

—Está bem, Senhora. Farei como me pede.

A camponesa obedeceu a ordem dada recolhendo ervas dali. Ao retornar para casa, tomou o chá. Conforme prometido, melhorou em pouco tempo. Ela só descobriu de quem se tratava a bela aparição ao constatar a mesma imagem retratada na casa dum católico. Nisto, a notícia se espalhou pela região e por todo o país.

Devido as circunstâncias, a diocese se incumbiu de comprar o terreno em que a santa aparecera construindo em sequência uma capela e posteriormente uma Igreja.Com o passar do tempo, a peregrinação ao local só aumentou consolidando-se como um dos templos marianos mais importantes do país.

NOSSA SENHORA DE SHESHAN

Xangay-china-1900

Xangai se localiza na costa leste da China. Por sua posição estratégica, junto ao vale do Rio Yangzi, se tornou porta de entrada dos missionários católicos objetivando evangelizar a China. Assim que se estabeleceram no país, eles construíram um santuário dedicado à Nossa Senhora de Sheshan no oeste da cidade. Ao lado, também foi levantado uma casa de retiros com a finalidade de abrigar os Jesuítas reformados.

O grande feito de Nossa Senhora na região foi ter salvo a diocese do ataque promovido pela rebelião Taiping.Como forma de agradecimento, os cristãos locais ergueram uma basílica em honra da mãe de Deus tornando-lhe a protetora especial da diocese de Xangai.

Com a realização da primeira conferência dos bispos, a imagem de Xangai foi adotada como Nossa Senhora Rainha da China. Por conta da revolução cultural, a imagem original de Nossa Senhora foi destruída sendo recolocada outra imagem em abril de 2000.Uma cópia desta estátua foi entregue ao papa Bento XVI sendo nomeada "Nossa Senhora de Sheshan". Este é um dos mais importantes centros Marianos do país onde verdadeiramente a santa esmaga a cabeça da serpente representando a vitória do bem contra o mal.

As aparições de nossa senhora de Fátima
MONTE DO CABEÇO
1915

Lúcia e mais três amigas estavam em oração no Monte cabeço. Durante a reza do terço, viram suspenso sobre o arvoredo uma figura semelhante a uma estátua de neve cuja reflexão do sol tornava transparente.

—Que é aquilo? —Se perguntaram.

—Não sei! —Respondeu Lúcia.

Continuam as orações. Assim que concluíram, a misteriosa figura desapareceu.

PRIMEIRA APARIÇÃO ANGÉLICA
Loca do Cabeço
Primavera de 1916

Lúcia e suas companhias de passeio estavam na Loca Do Cabeço quando subitamente ouviram um som de trovão. Olhando na direção direita, viram um belo anjo a pousar sobre a azinheira. Tinha asas douradas, cabelos louros, face afogueada, pele bronzeada e um porte másculo e ativo. Ele então entrou em contato:

—Não temais! Sou o Anjo da paz. Orai comigo.

O anjo se ajoelhou baixando a fronte até ao chão. As crianças fizeram o mesmo movimento repetindo o que o ser celestial dizia:

—Meu Deus, eu creio, adoro, espero e amo-vos. Peço-vos perdão para os que não creem, não adoram, não esperam, e não vos amam.

Esta oração foi repetida por três vezes. Após isso, o sacerdote celestial levantou-se e disse:

—Orai assim. Os corações de Jesus e Maria estão atentos à voz das vossas súplicas.

Em seguida, a aparição sumiu deixando os jovens completamente pensativos sobre o que aquilo queria dizer realmente.

SEGUNDA APARIÇÃO ANGÉLICA

Quintal da casa de Lúcia localizado junto ao poço de Arneiro

Verão de 1916

Lúcia e algumas colegas estavam conversando alegremente neste local quando surgiu a aparição de um anjo feito relâmpago. Era o mesmo da aparição anterior e assim que chegou transmitiu suas orientações.

—Que fazeis? Orai! Orai muito! Os corações de Jesus e Maria tem sobre vós desígnios de misericórdia. Oferecei constantemente ao Altíssimo orações e sacrifícios.

—Como nos havemos de sacrificar? —Perguntou Lúcia.

—De tudo que puderdes, oferecei um sacrifício em acto de reparação pelos pecados com que ele é ofendido e de súplica pela conversão dos pecadores. Atraí, assim, sobre a vossa pátria a paz. Eu sou o anjo da sua guarda, o anjo de Portugal. Sobretudo aceitai e suportai com submissão o sofrimento que o senhor vos enviar—Pediu o servo celestial.

—Se é da vontade de Deus, estou pronta—Prontificou-se a venerável vidente.

—Muito bem. Deus fica feliz com isso—Constatou o arcanjo.

Dito isto, desapareceu feito fumaça. No restante do dia, os presentes voltaram ás suas atividades normais. Porém, não conseguiam parar de pensar naquele fenômeno.

TERCEIRA APARIÇÃO ANGÉLICA
Loca do Cabeço
Outono de 1916

Lúcia e algumas colegas haviam sido enviadas à Loca do cabeço para pegar alguns pedaços de madeira. No momento em que finalizaram o trabalho, agradeceram a Deus através de orações. Neste momento, receberam pela terceira vez a visita do anjo da paz em meio a trovões e relâmpagos.

Ele trazia na mão um cálice e acima dele uma hóstia derramando gotas de sangue no compartimento. Concluída a operação, ficaram suspensos no ar o cálice e a hóstia enquanto o anjo se ajoelhava dizendo:

— Santíssima Trindade, Pai, Filho e Espírito Santo, adoro-Vos profundamente e ofereço-Vos o Preciosíssimo Corpo, Sangue, Alma e Divindade de Jesus Cristo, presente em todos os Sacrários da terra, em reparação dos ultrajes, sacrilégios e indiferenças com que Ele mesmo é ofendido. E pelos méritos infinitos do Seu Santíssimo Coração e do Coração Imaculado de Maria, peço-vos a conversão dos pobres pecadores.

Depois disso, o ser celestial se levantou pegando de volta a hóstia e o cálice. Deu a hóstia para Lúcia comer e o líquido do cálice foi bebido por Jacinta e Francisco falando em concomitância o seguinte:

—Tomai e bebei o corpo e o sangue de Jesus Cristo horrivelmente ultrajado pelos homens ingratos. Reparai os seus crimes e consolai o vosso Deus.

Prostrando-se em terra, o servo de Deus repetiu a primeira oração por três vezes junto com as crianças.

— Santíssima Trindade, Pai, Filho e Espírito Santo, adoro-Vos profundamente e ofereço-Vos o Preciosíssimo Corpo, Sangue, Alma e Divindade de Jesus Cristo, presente em todos os Sacrários da terra, em reparação dos ultrajes, sacrilégios e indiferenças com que Ele mesmo é ofendido. E pelos méritos infinitos do Seu Santíssimo Coração e do Coração Imaculado de Maria, peço-vos a conversão dos pobres pecadores. (3x)

No momento posterior, o anjo se levantou satisfeito. Olhando em direção indeterminada, suspirou e partiu batendo suas asas douradas freneticamente. Com um sinal, despediu-se finalmente dos médiuns. O ciclo angélico se completara.

PRIMEIRA APARIÇÃO
13 de maio de 1917

Após assistir à missa dominical em Aljustrel, um arruado de Fátima, três crianças chamadas Lúcia de Jesus, Francisco Marto e Jacinta Marto foram pastorear rebanhos na cova da Iria. Chegando no campo, em dado instante, lhes apareceu a visão duma bela mulher assentada sobre uma carrasqueira. Usando um vestido branco, a estranha senhora brilhava mais que o sol. Sobre sua cabeça, havia um manto branco banhado a ouro quase do mesmo comprimento de que o vestido. Na sua direita, estava pendurado um rosário com contas brilhosas com uma cruz prateada. Centralmente, carregava no pescoço um colar de ouro. Com um olhar sério, entrou em contato com os videntes.

—Sou a Nossa Senhora. Peço-vos que orem pela conversão dos pecadores. Solicito também que venham aqui seis meses seguidos todo dia treze nesta mesma hora. Além destes, aparecerei uma sétima vez. Quereis oferecer-vos a Deus para suportar todos os sofrimentos que ele quiser enviar-vos, em ato de reparação pelos pecados com que ele é ofendido, e de suplica pela conversão dos pecadores? —Interrogou-lhes a mãe de Deus.

—Sim—Disseram as crianças inocentemente.

—Ides, pois, ter muito que sofrer, mas a graça de Deus será o vosso conforto—Observou a Nossa Senhora

Maria abriu as mãos transmitindo-lhes uma luz vibrante que lhes transpassava o mais íntimo do seu ser. Estar na presença da rainha do universo era gozar dos prazeres do céu antes mesmo do desencarne. Foi quando impulsivamente as crianças caíram de joelhos dizendo as seguintes palavras:

—Ó santíssima Trindade, eu vos adoro. Meu Deus, meu Deus, eu vos amo no santíssimo Sacramento.

—Rezem o Terço todos os dias para alcançarem a paz para o mundo e o fim da guerra —Reforçou Nossa Senhora.

Após isto, a nossa mãe se elevou aos olhos dos videntes desaparecendo na imensidão do céu.

SEGUNDA APARIÇÃO
13 de junho de 1917

A notícia da aparição de Nossa Senhora correu a região inteira. Com isso, algumas pessoas disponibilizaram-se para comparecer no evento marcado na mesma hora de antes no dia treze de junho. No total, eram cinquenta pessoas presentes no local. Começaram a rezar o rosário e então viram um reflexo de luz se aproximar feito relâmpago. Em instantes, estavam diante da mãe de Deus novamente.

—Que a paz esteja ente vocês. Como dito antes, quero vê-los aqui novamente neste mesmo dia do próximo mês. Não esqueçam de rezar o terço todos os dias e se esforcem em aprender a ler—Recomendou Nossa Senhora.

—Sim, nós o faremos, minha mãe. Poderia nos levar para os céus? —Pediu Lúcia.

—Sim, à Jacinta e ao Francisco levo-os em breve. Mas tu ficas cá mais algum tempo. Jesus quer servir-se de ti para me fazer conhecer e amar. Ele quer estabelecer no mundo a devoção ao meu Imaculado Coração. A quem a abraçar, prometo a salvação; e serão queridas de Deus estas almas, como flores postas por mim a adornar o seu trono—Esclareceu Maria.

—Oh, minha mãe! Fico triste por não partir também aos céus com meus amigos. Ficarei sozinha aqui neste mar de lágrimas? —Questionou Lúcia.

—Eu nunca deixarei você sozinha. O meu Imaculado Coração será o teu refúgio e o caminho que te conduzirá até Deus—Afirmou a virgem.

Neste mesmo instante, a bela dama abriu as mãos lhes comunicando uma intensa luz unindo-os em comunhão com o sagrado corpo de cristo. Em sua palma direita, carregava um coração cravado de espinhos representando os pecados que ferem dolorosamente o coração de Maria. Ao terminar de comunicar o espírito de Deus aos pastores, Maria esboçou um leve sorriso e foi se elevando em sentido leste até desaparecer completamente entre as nuvens. Os videntes e a multidão retornaram para suas casas prometendo voltar no próximo mês conforme pedido da santa

TERCEIRA APARIÇÃO
13 de julho de 1917

Lúcia se dirigiu a casa dos primos e lhes encontrou rezando. Uma grande alegria inundou seu pequeno coração de menina demonstrando o quanto aquele momento era especial.

—Estão prontos para ir até a Cova Da Iria? —Perguntou Lúcia.

—Sim, prima. Agora mesmo—Responderam os outros dois.

O trio fantástico saiu de casa cheios de ansiedade e nervosismo no que seria o terceiro encontro com a virgem Imaculada. Naquele momento, eles ainda não tinham ideia do tamanho da responsabilidade que era ser porta-voz das mensagens da mãe de Deus.

Chegando ao local, encontraram uma plateia de duas mil pessoas esperando o desenrolar do fenômeno espiritual. Iniciando as orações, uma nuvem acinzenta se aproximou e pousou sobre a azinheira. Dela, saindo a bela e iluminada "Nossa Senhora". Ela então entrou em contato.

—Quero que venham aqui no dia 13 do mês que vem; que continuem a rezar o Terço todos os dias em honra de Nossa Senhora do Rosário, para obter a paz do mundo e o fim da guerra, porque só ela lhes poderá valer—Lembrou a santa Mãe.

—O que mais devemos fazer para ajudar? —Perguntou Lúcia.

—Sacrifiquem-se pelos pecadores através de atos, palavras e ações. Ao fazerem sacrifícios, repitam esta frase: Ó Jesus, é por Vosso amor, pela conversão dos pecadores, e em reparação pelos pecados cometidos contra o Imaculado Coração de Maria—Orientou a Imaculada.

—Entendido. Mais alguma coisa a acrescentar, minha mãe? —Indagou a vidente.

—Estou pronta para revelar-lhes um segredo.

Dito isto, a mãe de Deus lhe fez um sinal provocando-lhes a visão do inferno. As três crianças viram um grande mar fogo posto debaixo da terra. Dentro do fogo, havia incontáveis demônios e almas soltando gritos desesperados de dor sem nenhuma sustentação. Os demônios se destacavam em forma de animais asquerosos. Esta visão foi bastante marcante para aquelas inocentes crianças e se não fosse sua promessa de levar-lhe aos céus teriam morrido de medo.

Ao fim da visão, voltaram ás atenções para a santa.

—Vistes o inferno, para onde vão as almas dos pobres pecadores. Para as salvar, Deus quer estabelecer no mundo a devoção ao meu Imaculado coração. Se fizerem o que eu disser salvar-se-ão muitas almas e terão paz. A guerra vai acabar, mas se não deixarem de ofender a Deus, no reinado de Pio XI começará outra pior. Quando virdes uma noite, alumiada por uma luz desconhecida, sabei que é o grande sinal que Deus vos dá de que vai punir o mundo pelos seus crimes, por meio de guerra, da fome e de perseguições à Igreja e ao santo padre. Para a impedir virei pedir a consagração da Rússia a meu Imaculado coração e a comunhão reparadora nos primeiros sábados. Se atenderem a meus pedidos, a Rússia se converterá e terão paz. Se não, espalhará seus erros pelo mundo, promovendo guerras e perseguições à Igreja, os bons serão martirizados, o santo padre terá muito que sofrer, várias nações serão aniquiladas, por fim o meu Imaculado coração triunfará. O santo padre consagrar-me-á a Rússia, que se converterá, e será concedido ao mundo algum tempo de paz.

Neste instante, aparece ao lado esquerdo de Nossa Senhora, um anjo portado uma espada de fogo na mão esquerda. Ao manuseá-la, provocava pequenas explosões que incendiavam o mundo. Mas tudo se apagava ao contato do brilho da mão direita de Maria. Apontando com a mão direita para a terra, o anjo diz: "Penitência, penitência, penitência". Na sequência, os videntes viram através duma imensa luz o santo padre, bispos, sacerdotes e religiosos subindo uma montanha. No cimo dela, havia uma cruz. Aos pés dela, o santo padre foi morto por tiros disparados por soldados. Seus companheiros também tiveram o mesmo destino. Ao lado da cruz, estavam dois anjos. Estes recolhiam o sangue dos mártires e com eles irrigavam as almas as quais se aproximavam de Deus.

Com o fim da visão, a mãe de nós todos se elevou em direção ao nascente até desaparecer por completo. Depois disso, as pessoas voltaram para suas casas a cumprir suas obrigações.

QUARTA APARIÇÃO
15 de agosto de 1917

A repercussão das aparições era grande em todo o Portugal. Com isso, as crianças videntes eram alvo de grande curiosidade e polêmica por parte de alguns invejosos. Uma consequência real disso foi a prisão deles na véspera da aparição do mês de agosto. Eles ficaram trancafiados dentro duma cela durante três dias sofrendo punições e interrogatórios. Entretanto, não conseguiram lhes obrigar a revelar os segredos confiados pela santa. Foram a contragosto então liberados.

No dia quinze deste mesmo mês, ao pastorear na região de Valinhos, Lúcia e Jacinto sentiram algo sobrenatural. Depressa, mandaram chamar Jacinta e à chegada dela ocorreu o fenômeno da aparição novamente. Diante deles, apareceu a mesma senhora de sempre.

—Bendita seja a bem-aventurada. O que lhe traz aqui desta vez? —Indagou Lúcia.

—Quero que vão a cova da Iria no próximo dia treze e que continuem a rezar os terços todos os dias. No último mês farei o milagre para que todos acreditem—Prometeu a virgem.

—O que é que faremos com o dinheiro deixado pelo povo na cova da Iria?

—Façam dois andores para a festa de Nossa Senhora do Rosário. O que sobrar, usem para construir a capela. Rezai, rezai muito e fazei sacrifícios pelos pecadores, que vão muitas almas para o inferno por não haver quem se sacrifique e peça por elas—Recomendou a abençoada.

Logo depois, a virgem começou a elevar-se em direção ao nascente desaparecendo rapidamente. Este foi mais um fenômeno mariano.

QUINTA APARIÇÃO
13 de setembro de 1917

Cerca de vinte mil pessoas compareceram a este ato cristão. Conjuntamente, iniciaram a reza do terço. Quase que imediatamente, a nuvem se aproximou e dentro dela saiu a mãe de Deus pousando sobre a churrasqueira.

—Continuem a rezar o terço para alcançarem o fim da guerra. Em outubro virá também Nosso Senhor, Nossa Senhora Das Dores e do Carmo, São José com o menino Jesus, para abençoarem o mundo. Deus está contente com os vossos sacrifícios, mas não quer que durmais com a corda. Trazei-a só durante o dia—Orientou Nossa mãe.

—As pessoas têm pedindo a mim vossa assistência e vossa cura—Destacou Lúcia.

—Sim, alguns curarei. Outros, não. Em outubro farei o milagre para que todos acreditem—Lembrou nossa santa Mãe.

Logo após, Nossa Senhora acenou em despedida. Como das outras vezes, foi se afastando até desaparecer no firmamento. A multidão então foi despedida retornando as suas respectivas residências ansiosas pelo próximo encontro com a mãe de Jesus.

SEXTA APARIÇÃO
13 de outubro de 1917

A repercussão das aparições em Fátima era cada vez maior. Com isso, a cada sucessivo evento aumentavam o número de pessoas. Nesta ocasião, eram aproximadamente setenta mil pessoas a rezar e a entoar cânticos para Nossa Senhora na Cova da Iria. Não demorou muito e a nuvenzinha se aproximou trazendo consigo nossa santa Mãe.

—Que bons motivos a trazem aqui, minha mãe? —Indagou Lúcia.

—Vim solicitar a construção duma capela neste local em minha honra. Sou a Nossa Senhora do Rosário. Continuem a rezar o terço todos os dias. A guerra acabará ainda hoje e os militares voltarão para casa—Revelou Maria.

—Tenho tantas coisas a lhe pedir. As mais importantes se referem a cura e conversão de pecadores—Falou Lúcia.

—Uns sim, outros não. É preciso que se emendem, que peçam perdão dos seus pecados. Não ofendam mais a Nosso Senhor que já está muito ofendido—Ralhou a santa Mãe.

—Deseja mais alguma coisa? —Indagou Lúcia.

—Já não quero mais nada—Concluiu Maria.

A nuvem se elevou levando consigo a rainha dos céus. Em seguida, apareceram os sinais: Ao lado do sol, viram São José, o menino Jesus e Nossa Senhora. Eles abençoavam o mundo com o gesto da cruz. Depois, apareceu Maria na figura de Nossa Senhora do Carmo, Nossa Senhora das Dores além da dupla de carpinteiros abençoando o planeta terra novamente. Até que a visão desapareceu por completo.

SÉTIMA APARIÇÃO MARIANA
Cova da Iria
15 de junho de 1921

No convento, próximo do fim de 1920, Lúcia recebeu a visita do bispo D. José. Era a primeira vez que se encontravam o que tornava este momento muito especial e misterioso. Depois dos cumprimentos iniciais, os dois adentraram numa sala reservada. O local é decorado com móveis de madeira, pinturas, estatuetas, com janelas laterais forradas por cortinas bege o que lhes deixa bastante à vontade. Acomodando-se em cadeiras frontais ao redor duma mesinha, os dois iniciaram o diálogo.

—Acho que deves saber por que estou aqui, irmã. Há um burburinho muito grande em relação aos acontecimentos em Fátima. Poderia me explicar melhor? —Indagou José.

—Foi realmente muito espantoso o que aconteceu: o anjo, Nossa Senhora, as multidões crentes e os milagres. A lição a qual tiramos disso tudo é da grandeza e do amor da santa para com seus filhos—Disse Lúcia.

—Sim, disso eu tenho certeza. As aparições cumpriram com seu fim—Analisou o bispo.

—Sinto-me muito honrada com a missão dada. A dificuldade que encontro é com relação à fama e as consequências disso para minha vida pessoal—Constatou Lúcia.

—Entendo perfeitamente. Estava pensando exatamente sobre isso. Que tal se você mudasse para Porto? Lá ninguém a conhece—Propôs José.

—Posso pensar um pouco? Tenho tantas raízes por aqui—Falou a devota de Maria.

—Te darei o tempo que precisar...

O telefone toca no recinto e ao atender o bispo toma ciência duma urgência na cidade vizinha. Ele então balança a cabeça retomando a frase.

—Tenho que sair agora. Pense bem e depois me comunique.

—Está bem. Vá em paz!

—Obrigado. Que a virgem vos abençoe.

O bispo sai do quarto e é acompanhado até a porta pela irmã. Fechada a porta, a nosso doce jovem fica novamente a sós pensando no que fazer dali por diante. Havia bastante coisas envolvidas numa provável mudança e teria que analisar criteriosamente os prós e contras.

Instantes depois, sentiu-se misteriosamente impulsionada a voltar para a Cova Da Iria. Deixando-se levar por suas emoções, empreendeu viagem até o local esperando encontrar uma luz em meio a tantas dúvidas. Durante todo o caminho, sentia-se feliz, tranquila e cheia de projetos. Contudo, ainda faltava algo em sua vida que não compreendia.

Ela finalmente chega. Ao caminhar mais uma vez por aquelas bandas, reconheceu-se a mesma menina de sempre. Foi quando escutou o barulho de trovão e o relâmpago característico das aparições. Em questão de segundos, alguém tocou no seu ombro. Ao direcionar o olhar para trás, reconheceu novamente sua amada mãe.

—Aqui estou pela sétima vez, vai, segue o caminho por onde o Senhor Bispo te quiser levar, essa é a vontade de Deus.

—Sim—Prontificou-se a serva.

Maria elevou-se em seguida abençoando a carismática cristã. Foi neste belo momento que Lúcia agradeceu a Deus por todos aqueles acontecimentos maravilhosos. Começava aí uma nova fase de sua vida.

APARIÇÃO MARIANA
Local: Quarto de Lúcia em Pontevedra
10 de dezembro de 1925

Lúcia acorda no meio da noite com um barulho feito trovão. Ao levantar-se, depara-se com a aparição da Santíssima Virgem com um coração espinhado nas mãos e seu santíssimo filho. Há então uma comunicação.

—Tem pena do coração da tua Santíssima Mãe que está coberto de espinhos, que os homens ingratos a todos os momentos lhe cravam sem haver quem faça um acto de reparação para os tirar—Disse a nossa mãe.

—Estou sempre atento a estes fatos, minha mãe—Correspondeu Jesus.

— Olha, minha filha, o meu Coração cercado de espinhos, que os homens ingratos a todos os momentos me cravam, com blasfémias e ingratidões. Tu, ao menos, vês de me consolar e diz que todos aqueles que durante cinco meses, ao primeiro sábado, se confessarem, receberem a Sagrada Comunhão, rezarem o terço e me fizerem 15 minutos de companhia, meditando nos 15 Mistérios do Rosário com fim de me desagravar. Eu prometo assistir-lhes, na hora da morte, com todas as graças necessárias para a salvação dessas almas—Disse Maria.

—Vou consolá-la e farei tudo o que a senhora pedir—Prometeu Lúcia.

—Fico feliz. As bênçãos cairão sobre você—Garantiu a mãe de Deus.

Esbanjando um largo sorriso, Maria e seu filho desapareceram da presença da vidente. No restante do dia, ela ficou pensando na mensagem ao mesmo tempo que cuidava de suas obrigações rotineiras.

ENCONTRO COM JESUS

Pontevedra
15 de fevereiro de 1926

Após varrer o quintal, a irmã Lúcia ficou descansando na beirada da porta. Em dado momento, eis que se aproximou uma criança cuja aparência já era conhecida.

—Tens pedido o Menino Jesus à Mãe do Céu? —Indagou a serva de Maria.

— E tu tens espalhado, pelo mundo, aquilo que a Mãe do Céu te pediu? —Replicou o menino.

Uma luz iluminou o garoto tornando-lhe resplandecente. Nisto, a irmã reconheceu ele como Jesus.

— Meu Jesus! Vós bem sabeis o que o meu confessor me disse na carta que Vos li. Dizia que era preciso que aquela visão se repetisse, que houvesse factos para que fosse acreditada, e a Madre Superiora, só, a espalhar este facto, nada podia—Explicou Lúcia.

—É verdade que a Madre Superiora só, nada pode; mas, com a Minha graça, pode tudo. E basta que o teu Confessor te dê licença, e a tua Superiora o diga, para que seja acreditado, até sem se saber a quem foi revelado—Falou Jesus.

— Mas o meu Confessor dizia na carta que esta devoção não fazia falta no mundo, porque já havia muitas almas que Vos recebiam, aos primeiros sábados, em honra de Nossa Senhora e dos quinze Mistérios do Rosário—Observou a nossa irmã.
—É verdade, minha filha, que muitas almas os começam, mas poucas os acabam; e as que os terminam, é com o fim de receberem as graças que aí estão prometidas; e Me agradam mais as que fizerem os cinco com fervor e com o fim de desagravar o Coração da tua Mãe do Céu, que os que fizerem os quinze, tíbios e indiferentes—Argumentou o mestre.
—Meu Jesus! Muitas almas têm dificuldade em se confessar ao sábado. Se vós permitísseis que a confissão de oito dias fosse válida? —Perguntou a serva.
— Sim. Pode ser de muito mais dias ainda, contanto que estejam em graça no primeiro sábado, quando me receberem; e que nessa confissão anterior tenham feito a intenção de com ela desagravar o Sagrado Coração de Maria—Explicou o Senhor.
—Meu Jesus! E as que se esquecerem de formar essa intenção? —Questionou a veneradora.
—Podem-na formar logo na outra confissão seguinte, aproveitando a primeira ocasião que tiverem de se confessar—Solucionou o filho de Deus.
—Muito bem. Entendi agora—Disse Lúcia.
—Pois bem. Agora tenho que ir. Fique na paz! —Desejou o cristo.
—Amém! —Concordou a pequena filha de Deus.
O menino se afastou imediatamente e nossa irmã adentrou em casa para rezar um mistério e aprontar o almoço.

APARIÇÃO DA SANTÍSSIMA TRINDADE E NOSSA SENHORA
TUV
13 de junho de 1929

Era noite. Lúcia se encontrava fazendo suas orações diante do santíssimo Sacramento na capela. Foi quando o espaço foi preenchido por uma luz sobrenatural. Apareceu sobre o altar uma cruz tão comprida que batia ao teto. Na parte superior da cruz, aparecia um homem com uma pomba sobre seu peito. Pregado nela, outro homem. Na mesma cena, encontrava-se suspenso no ar, um cálice e uma hóstia grande. Sobre esta última, caíam gotas de sangue as quais desembocavam no cálice. Sobre o braço direito da cruz, estava Maria carregando entre as mãos seu Imaculado coração triunfante em todas as ocasiões. No braço esquerdo, as seguintes palavras escritas: "Graça e misericórdia".

A virgem aproveitou para entrar em contato.

— É chegado o momento em que Deus pede para o Santo Padre fazer, em união com todos os Bispos do mundo, a consagração da Rússia ao meu Imaculado Coração, prometendo salvá-la por este meio. São tantas as almas que a Justiça de Deus condena por pecados contra mim cometidos, que venho pedir reparação: sacrifica-te por esta intenção e ora.

Dito isto, a visão desapareceu completamente. Mais tarde, sem o cumprimento dos objetivos, a mãe de Deus falou:

—Não quiseram atender ao meu pedido!... Como o rei de França, arrepender-se-ão e fá-la-ão, mas será tarde. A Rússia terá já espalhado os seus erros pelo mundo, provocando guerras, perseguições à Igreja: o Santo Padre terá muito que sofrer.

A devota de Maria chorou com isso pois fizera tudo que estava ao seu alcance. O mundo realmente era ingrato diante do zelo da Santa Mãe de Deus. Porém, tínhamos tempo para refletir e mudar esta realidade pedindo proteção a Nossa Senhora de Fátima, a protetora dos cristãos Portugueses.

Nossa senhora das Lágrimas

Campinas-Brasil

Amália Aguirre era espanhola. Aos dezoito anos de idade, emigrou para o Brasil. Aqui, se adaptou rapidamente e sempre foi uma cristã valorosa através de atos, palavras e ações. Era conhecida por ser uma ferrenha devota de Nossa Senhora e por isso logo fez votos de obediência cristã entrando para o convento.

Aos oito de novembro de 1929, recebeu a visita dum parente e através dele soube da doença da mulher dele. Segundo avaliação médica, a enfermidade era incurável. Movida de compaixão, ela ajoelhou-se ao altar recorrendo a ajuda de Nosso Senhor. Foi quando ocorreu o contato.

—Se não há esperança para a mulher de T..., eu estou pronta a oferecer a minha vida pela mãe da família. Que desejas que eu faça? —Indagou a serva de Deus.

—Se desejas receber esses favores, pede-me pelas lágrimas de Minha Mãe—***Orientou Jesus.***

—Como devo eu rezar? —Perguntou a freira.

— Ó Jesus, ouvi as nossas súplicas pelas lágrimas da Vossa Santíssima Mãe! Ó Jesus, vede as lágrimas daquela que Vos amou muitíssimo enquanto na Terra e que Vos ama ainda mais intimamente no Céu—Ensinou Jesus.

—Obrigada. Rezarei desta forma—Garantiu a cristã.

— Minha filha, o que quer que seja que me peçam pelas lágrimas de Minha Mãe, eu o concederei com Amor. Depois, Minha Mãe concederá este tesouro ao vosso querido Instituto como um íman de Misericórdia—Prometeu o mestre.

—Pode me explicar sobre esta devoção ás lágrimas de sua mãe? Quis saber a devota.

—Filha, vou hoje falar-te das Lágrimas de minha Mãe. Durante vinte séculos elas ficaram guardadas no meu Divino coração para agora as entregar! Com esta entrega. Eu te constituo apóstola de Nossa Senhora das Lágrimas e sei que estás pronta a dar a vida pela difusão de tão santa devoção! Ser missionária das Lágrimas de minha Mãe é dar-Me imensas consolações! Dei valor infinito a essas Lágrimas e, com elas, os que se propuserem propagá-las terão a felicidade de roubar pecadores do maligno, cujo ódio há de colocar muitos obstáculos para que elas não sejam conhecidas. O mundo tem necessidade de misericórdia! E para recebê-la não há dádiva mais preciosa do que as Lágrimas de minha Mãe! Se as lágrimas de uma mãe comovem o coração de um filho rebelde, como não se há de comover o Meu Coração, que tanto ama esta Mãe? Este tesouro magnífico, guardado vinte séculos, está em todas mãos para com ele salvar muitas almas das garras infernais! Quando as almas generosas dizem: "Meu Jesus, pelas Lágrimas de vossa Mãe Santíssima", o Meu Coração se abre e faz jorrar sobre aquelas almas as torrentes de minha misericórdia! Todos os que se propuserem propagar as Lágrimas de Minha Mãe, no Céu receberão uma alegria toda especial e louvarão as horas que passaram a divulgá-las. Todos os sacerdotes que difundirem o poder das Lágrimas de Maria, terão seus trabalhos produzindo frutos de vida eterna e grandes coisas farão por meu amor. A difusão desta riqueza das Lágrimas de minha Mãe e de muita importância para o Meu Coração porque vai me dar milhões e milhões de almas! Teu Jesus Crucificado, que em todas mãos depositou tão sagrado e poderoso tesouro, do qual deves ser apóstola incansável e ser capaz de dar a vida por ele. Felizes os que difundirem as Lágrimas de Maria—Disse Jesus.

—Entendido. Obrigado Amado Jesus.

—Fique em paz, minha filha! Agora tenho que ir cuidar de minhas responsabilidades. Não é nada fácil carregar o mundo nas costas—Explicou o Messias.

—Entendo, Senhor! Muito obrigada! —Despediu-se a serva.

Aos olhos da empregada, o senhor dos céus se elevou desaparecendo nas frestas do templo. Agora ela estava novamente sozinha. Porém, cheia de esperanças de que um milagre acontecesse. Saindo do templo, soube da melhora da mulher pela qual pedira. Cheia de emoção, ela agradeceu pela ação instantânea do espírito santo provando seu amparo aos aflitos. A vida ia se seguir com mais alegria.

ENCONTROS COM NOSSA SENHORA

Primeiro encontro

08 de março de 1930
Ajoelhada nos degraus do altar, a irmã Aguire se esforçava na oração em prol dos mais necessitados. Particularmente, pedia pelos doentes, órfãos, viúvas e meninos de rua. Foi quando diante dela apareceu uma figura duma bela mulher resplandecente que lhe sorria. Em suas mãos, carregava um rosário brilhante e uma coroa. Quanto as vestes, usava um vestido roxo, um manto azul e um véu branco sobre os ombros. Estirando os braços em direção à serva, deu-lhe um artefato dizendo:

—Isto é a Coroa das Minhas Lágrimas, a qual é confiada por Meu Filho ao Seu querido Instituto como uma porção da Sua herança. As invocações já foram dadas por Meu Filho. Meu Filho quer honrar-Me duma maneira especial por meio destas invocações, e conceder todas as Graças que sejam pedidas pelas Minhas Lágrimas. Esta Coroa produzirá a conversão de muitos pecadores, especialmente os que estão possessos do demónio. Ao Instituto de Jesus Crucificado está reservada uma honra especial, que é a conversão de muitos membros duma seita ruim para a florida árvore da Igreja. Por meio desta Coroa, o demónio será vencido e o poder do inferno será destruído. Prepara-te para esta grande batalha.

Dito isto, a bela dama desapareceu. A devota de Maria levantou-se indo cuidar do almoço das suas amadas irmãs com a esperança de ter mais notícias.

Segunda aparição

08 de abril de 1930

De maneira semelhante a primeira vez, a virgem e o senhor Jesus lhe apareceram quando ela estava de joelhos no altar objetivando usar dela como instrumento de suas mensagens ao mundo. Lado a lado, vestidos com roupa de gala e espargindo luz em todas as direções, a conversa foi iniciada.

—Te desejo a minha paz, amada serva—Falou Jesus.

—Te desejo muitas felicidades—Continuou Maria.

—Obrigada aos dois. Como posso alcançar a virtude da humildade? —Perguntou Amália.

— Amados filhos, o perfume da santa humildade, eu tenho-o guardado desde os dias que passei pela terra. Esta bela virtude, verdadeiro alicerce de toda a santidade e que tanto agrada a Jesus, acha-se no meu Coração para Eu oferecê-la a vós como um presente. (...). Porém, para receberdes os meus presentes, eu exijo de vós Confiança, Amor filial e Fé. Como vos poderei dar algo se não confiardes em mim? E como vos poderei eu enriquecer se não me amardes como Mãe? Porque não haveis de crer em mim que tanto fiz por vós? (...). Crede no meu imenso amor por vós e então recebereis o perfume da humildade que vos há de conceder a graça da perseverança final—Ensinou a virgem.

— Aprendei de mim, que sou manso e humilde de Coração», mostrando a todos, assim, como esta é a virtude predileta do seu Coração—Disse o mestre.

—Como posso alcançar a graça de ter as boas virtudes além da que já disse? —Investigou a freira.

—Queridos filhos, eu sou rica em virtudes e é meu desejo que vós também o sejais. Hoje dou-vos a minha obediência e pela qual sereis agradáveis a Deus. Sem ela, não podereis contentar Jesus que foi obediente até à morte... e morte de Cruz! (...). Se fordes obedientes como eu, também em vós grandes coisas acontecerão. No obediente, Jesus opera maravilhas transformando corações fracos e ainda cheios de paixões mundanas em corações semelhantes ao seu.

Deus fez em mim grandes coisas porque eu segui sempre segundo a sua vontade. Se observardes a obediência, andareis sempre segundo a vontade de Jesus e ele fará grandes coisas através de vós em favor dos pobres pecadores.

Sou a Vossa Mãe, Maria, que vos abençoa sempre pelas mãos de Jesus e a partir do Reino onde os verdadeiros obedientes cantarão a vitória final.

—Qual é a mais importante das virtudes e sua colocação na vida cristã? Perguntou Amália.

—É a pureza. Filhos amados, desejo dar-vos a minha pureza pela qual vereis a Deus nas vossas obras e na vossa alma. «Bem-aventurados os puros de coração, porque eles verão a Deus», disse-vos Jesus.

Eu sou a Rainha dos lírios, sou aquela que trouxe, no Seu seio, a pureza infinita, e, portanto, posso vos enriquecer dessa santa virtude - tal só depende da vossa vontade.

Quando o próprio Deus encontrou um coração puro, desceu à Terra e ei-lo que se fez carne no meu seio virginal! Esta pureza, a qual encantou e fascinou o próprio Deus, é o presente que recebereis na hora em que me pedirdes com amor esta bela virtude. Ó filhos amados, todas as vezes que me pedirdes essa virtude irei dar-vos em abundância a minha própria pureza, pois ela fará de vós mesmos um santuário de Jesus! E sabei que, se nesta pureza morrerdes, eu mesma apresentar-vos-ei nos meus braços ao juízo particular e Jesus vos dirá: «Entra, amado filho, na tua morada eterna, que eu não te julgo, porque nos braços de minha Mãe já me apareces julgado».

Eu, Maria, abençoo-vos a partir do Reino da pureza infinita.

—Que outra recomendação a senhora quer me dar? —Disse a empregada.

—Quero que cunhe uma medalha de Nossa Senhora das Lágrimas e de Jesus manietado. Divulgue largamente essa medalha para que o poder de satanás no mundo seja vencido. Prometo a quem usá-la devotamente inúmeras graças.

—Como deve ser esta medalha? —Falou a serva.

—Na frente, cunhe a imagem de Nossa Senhora das Lágrimas em entrega ao terço das lágrimas rodeada pelas seguintes palavras: " Ó virgem dolorosíssima, as vossas lágrimas derrubaram o Império Infernal ". No verso, cunhe a imagem de Jesus manietado com exatamente estas palavras: "Por vossa mansidão divina, ó Jesus manietado, salvai o mundo do erro que o ameaça" —Explicou a santa Mãe.

—Para que servirá exatamente esta medalha? —Questionou a irmã.

—Ela aumentará a humildade dos fiéis e promoverá a conversão dos ateus, hereges, comunistas, e com a coroa das lágrimas, aqueles possuídos pelo diabo—Explicou Maria.

—O que é a coroa das lágrimas? —Perguntou a seguidora.

—É uma devoção particular através da oração—Interveio Jesus.

—Quais graças podemos alcançar através dela? —Perguntou nossa irmã em cristo.

—Minha filha, o que quer que seja que me peçam pelas lágrimas de minha Mãe, eu o concederei com Amor. Depois, minha Mãe concederá este tesouro ao vosso querido Instituto como um íman de Misericórdia. Rezai a Coroa das Lágrimas, e espalhai a sua devoção. O demónio foge quando é rezada sinceramente—Explicou Jesus.

—Fico mais tranquila, então. Divulgarei esta devoção pelo mundo inteiro em vossa honra—Prometeu Aguirre.

—Boa serva, agindo assim tem todas as minhas graças—Disse o cristo.

—Vamos, filho? —Indagou Maria.

—Sim, minha mãe. Te deixamos nossa paz, querida amiga! —Garantiu Jesus.

—Obrigada! Vão com Deus—Desejou Amália.

Aos olhos da irmã, as duas entidades cristãs se elevaram até desaparecerem por completo. Ela poria em prática todas as recomendações deles objetivando uma maior glória divina. Bendita seja a nossa mãe!

Virgem do coração de ouro

Beauring-Bélgica

Beauring é um pequeno povoado onde ocorreram exatamente trinta e três aparições marianas a cinco crianças videntes nomeadas: Andreia, Gilberta Degeimbre, Fernanda, Alberto e Gilberta Voisin.Ela aparecia em frente à escola onde eles estudavam e na maioria das vezes se conservou em silêncio esbanjando apenas um leve sorriso.

APARIÇÕES

29 de novembro de 1932

Era quase noite. Quatro dos videntes mencionados se dirigiram até a escola para buscar Gilberta voisin cheios de alegria e satisfação. Ao atingir o fim da rua, Alberto percebe nos dois pilares os quais sustentavam o viaduto, a presença duma figura feminina flutuando semelhante a imagem de Nossa Senhora de Lourdes.

—Olhem lá em cima nos pilares! —Exclamou Alberto.

As outras crianças atenderam a solicitação e viram uma figura de branco flutuando entre o viaduto e a réplica da gruta de Lourdes. Na saída, a pequena Gilberta também vê a mulher. Descrentes, as freiras despediram as crianças afirmando que tudo não passava duma visão delas. Entretanto, no dia seguinte, a visão se repetiu.

1 DE DEZEMBRO DE 1932

As mesmas crianças acompanhadas de doze pessoas retornaram ao local. A aparição se repetiu demorando apenas alguns instantes. Desta vez, perceberam uma luz mais intensa em volta da mulher. Destacavam-se em suas feições os olhos azuis, o sorriso meigo adornado com uma coroa composta por raios dourados.

Ao iniciar o trajeto de volta para casa, a virgem se deslocou indo ficar em frente do grupo. Ela se encontrava sobre uma nuvem com mãos juntas e olhos voltados para o céu. Em seguida, desapareceu sem dizer nada. Em outras oportunidades, a madame voltou a aparecer aumentando mais o mistério inculto nesses fenômenos. Devido a repercussão dos fatos, a madre superiora proibiu a presença das crianças na escola no dia seguinte.

08 DE DEZEMBRO DE 1932

Durante a semana posterior, foi organizado uma grande vigília aos locais das aparições. Enquanto rezavam, a virgem lhes aparecia. Houve um grande número de conversões ao cristianismo nesta época vindo pessoas de todas as partes do país.

No meio da tarde, o terreno no entorno do convento é ocupado pelas pessoas entoando cânticos a Nossa Senhora. Boas ondas de energia circulam pelo local do movimento que se estende pela tarde inteira. Quando as videntes chegam, a aparição se repete. As pessoas solicitam que Nossa Senhora fale, mas em resposta recebem um sorriso. É iniciada a reza do terço e a mulher fica presente durante todo o tempo. Ao fim deste exercício religioso, a mãe de Deus os abençoa e desaparece.

Pouco depois, ela reaparece. Alberto se antecipa iniciando o diálogo.

—Quem é?
—Sou a virgem Imaculada.
—O que quer de nós?
—Quero que sejais sempre muito bons.
—Nos esforçaremos—Prometeu Alberto.
— Queria também que se construísse aqui uma igreja para que as pessoas possam vir em peregrinação—Solicitou a Imaculada.
—Levaremos seu pedido ás autoridades competentes-garantiu o menino.
—Ainda bem. Fico feliz—Contentou-se a virgem.
—O que devemos fazer para alcançar a plenitude das virtudes? —Indagou o referido menino.
—Rezai sempre. Agrada-me em especial a devoção do rosário—Ensinou Nossa Senhora.
—Focaremos nesta oração e a divulgaremos pelo mundo—Confirmou o jovem.
—Tenho um segredo a revelar para vocês: Meu Divino filho voltará à terra em breve na pele dum camponês interiorano. Através dele, o mal será abatido e a resolução de Deus cumprida. Isto acontecerá em cumprimento as promessas bíblicas, mas ainda não será o fim—Informou a santa.
—Quando saberemos de sua presença? —Indagou Fernanda.
—Não saberão. Apenas acontecerá—Disse a virgem.
—Qual é o nosso papel junto a humanidade? —Indagou Gilberta.
—Converterei os pecadores—Revelou Maria.

—Como podemos chama-la mesmo? Indagou Andreia.

—Sou a Rainha do céu e a mãe de Deus. Rezai sempre—Revelou Maria.

—Como posso colaborar em prol da causa cristã? —Perguntou Fernanda.

—Você ama o meu filho? Você me ama? Sacrifique-se por mim—Pediu a santa Mãe de Deus.

—Está bem—Assentiu Fernanda.

Abrindo os braços, Maria mostrou seu coração resplandecente e então disse:

—Adeus!

Em seguida, desapareceu como fumaça. Encerrava aí o ciclo de aparições marianas em Beauring.A virgem do coração de ouro é a protetora oficial dos cristãos Belgas.

Nossa Senhora das Graças

Pesqueira-Brazil

Sítio Guarda,06 de agosto de 1936

Amanhecera no sítio guarda como acontecia todos os dias. A história nos leva exatamente ao casebre da família Teixeira onde os entes familiares se acomodam em cadeiras ao redor da mesinha localizada exatamente no que seria a sala de jantar.

—Ainda estou com fome, pai! —Resmungou Maria de Luz após mastigar um naco de pão.

—O que quer que eu faça, filha? Não temos mais comida—Respondeu Arthur Teixeira em lágrimas.

—Que tal se fossem buscar mais mamona? Desta forma conseguiríamos mais dinheiro—Disse a matriarca.

—Boa ideia! Da Luz vá chamar Conceição e juntas vão até a mata colher mamonas. Eu agora não posso ir porque estarei ocupado rachando lenha—Observou Arthur.

—Está bem, pai! —Concordou a filha.

Imediatamente, a pequena travessa se levantou atravessando grande parte da residência e finalmente saiu. Após caminhar um pouco, encontrou sua irmã de coração Maria da Conceição que gentilmente se disponibilizou a acompanha-la. Lado a lado, as duas garotas iniciaram o caminho até o matagal cheias de medo devido aos últimos acontecimentos na região.

—É tão perigoso vir aqui. Obrigado por me acompanhar, amiga—Agradeceu a Da Luz.

—Não é nada, amiga. Juntas somos mais fortes—Disse Da conceição.

—Mas o que faríamos se agora aparecesse Lampião em Nossa frente? —Aterrorizou Maria da Luz.

—Nossa Senhora haveria de dar-nos um jeito para este malvado não nos ofender—Respondeu Maria da Conceição.

Neste momento, Maria da Conceição desviou o olhar para o alto da serra vendo uma imagem em forma de mulher com uma criança em seus braços fazendo gestos com a mão.

—Olha lá uma imagem—Exclamou.

A companheira de viagem olhou na direção indicada e também viu a mesma imagem. Passaram um bom tempo a admirar o fenômeno silenciosamente em alegria. Depois, começaram o retorno para casa onde os pais as esperavam. Durante todo o caminho, passaram mil hipóteses na mente daquelas pequenas doçuras. Quem seria aqueles dois? A única certeza que carregavam era que algo extremamente especial estava acontecendo naquele local abençoado, a terra do doce e da renda.

Depois dum breve período, chegaram as duas e de imediato entregaram mamona a mãe de Maria da Luz. De imediato, ela percebeu algo estranho pairando no ar.

—O que há com vocês, meninas? Estão com uma cara!

—Vimos algo realmente estranho—Contou Maria da Conceição.

—Estranho, como? Poderia me explicar melhor? —Indagou a Matriarca Teixeira.

—Vimos a imagem duma mulher com uma criança nos braços acenando para nós no alto da serra—Revelou Maria da Luz.

—O quê? Querem me fazer acreditar numa bobagem dessas? É engano de vocês, venham almoçar! —Respondeu rudemente a mulher.

Quase que chorando, as meninas obedeceram à ordem da adulta e entraram na casa. Porém, não se sentaram à mesa para almoçar ficando conversando sobre a aparição. Instantes depois, chegou o patriarca. Notando a ausência das duas à mesa, ele questionou a mulher.

—Onde estão as duas pequenas? O que houve?

—Chegaram espantadas no campo falando que viram a imagem duma mulher com um menino no colo no alto da serra. Desde então, estão estranhas a papear no oitão da casa.

—O que devemos fazer, mulher?

—Que tal se você verificar com elas mais de perto? Talvez seja uma pessoa escondida.

—Tem razão. Só assim elas poderão ficar mais calmas.

Arthur cuidou de comer rapidamente. Ao final desta atividade, foi se encontrar com as filhas. Combinaram de sair juntos ao mesmo local anterior. Utilizando-se da foice, ele ia abrindo caminho entre espinhos, garranchos, xique-xique e Macambira. Ainda assim, era muito difícil trafegar por ali devido ao relevo acidentado.

Ao chegarem próximo do topo, a visão reapareceu a vista das crianças. Porém, o pai delas não via nada apesar dos seus esforços.

—Não estou vendo nada. Poderiam perguntar quem é a senhora da imagem? —Indagou Arthur.

—Sim. Quem é a Senhora? —Indagou Maria da Luz.

—Eu sou a graça—Respondeu a mulher.

—Que quer a Senhora aqui? —Indagou a menina.

—Vim para avisar que hão de vir três castigos mandados por Deus. Diga ao povo que reze e faça penitência—Ordenou Maria.

Dito isto, a misteriosa mulher desapareceu. Voltando para casa, contaram o ocorrido a sua mãe que se chamava Auta Teixeira. Daí a conversa se espalhou por toda a região. A consequência disso é que muitas pessoas apareciam no local para rezar e com a esperança de que a mãe de Deus voltasse. Era um fenômeno notável e maravilhoso da fé cristã.

A partir do terceiro dia, as pessoas presentes exigiram um sinal para que de fato pudessem acreditar no que estava acontecendo. Aborrecidas, as crianças fizeram o pedido a santa. Em resposta, a santa lhes disse que daria um sinal.

No outro dia, as meninas voltaram ao local. A mulher novamente apareceu apontando a água que saía do interior da rocha. Nossa Senhora prometeu a cura de doenças a quem bebesse daquela água.

Saindo dali, retornaram para casa espalhando a boa notícia. Com isso, pessoas de todo o país compareciam ao local acreditando em sua santidade.

Com relação a repercussão na Igreja católica em relação aos fatos mencionados, Maria da Luz e seu pai foram convocados para dar entrevista junto ao bispo. Nesta ocasião, foram relatados minuciosamente os eventos relacionados a aparição. Após, foram liberados e instaurado na Igreja um processo de Pesquisa. Para esse serviço, o bispo nomeou dois padres que se deslocaram até o sítio Guarda no dia vinte de agosto.

Os referidos servos de Deus encontraram uma casa de alvenaria simples, estreita, curta, estilo chalé com única entrada. Ao chegar diante da porta, bateram seguidamente quatro vezes até serem atendidos pelos donos da casa. Adentrando no interior, viram uma casa bem decorada cheia de quadros e pinturas de santos nas paredes. A convite da dona da casa, se acomodaram em dois tamboretes no que seria a sala.

Gentilmente, a matriarca da família se apresentou como seguidora fiel dos santíssimos sacramentos e das entidades cristãs e descreveu junto com as crianças os pormenores dos fatos acontecidos. Ao terminar o relato, por sugestão dos anfitriões, começaram a subir a encosta que dava acesso a gruta.

Enfrentando o sol causticante, os garranchos, os espinhos, as dúvidas, as inquietações, o medo e o perigo, os romeiros eram movidos pela fé em Nossa Senhora a todo o momento. Isso os fez driblar os perigos e avançar. Após um certo tempo, ficaram próximos do local determinado pelas videntes. Nesse instante, as meninas abriram um belo sorriso e disseram:

—Estamos vendo Maria na porta e nos abençoando.

Os padres direcionaram a atenção para o local apontando pelas crianças, mas nada puderam ver. Contudo, sentiam um sentimento estranho de paz e felicidade. O grupo continua avançando até atingir o topo do despenhadeiro. De lá, podem visualizar toda a paisagem encantadora daquele agreste selvagem. Como era bom estar ali diante da presença da rainha dos céus. Certamente, estavam vivendo um momento único e marcante.

Foi neste instante que o investigador iniciou seu trabalho.

—Peço-vos o afastamento do Senhor Arthur e de Maria da Conceição pois irei agora falar com Maria da Luz.

—Tudo bem—Concordou Arthur.

—Sem problemas—Disse Maria da Conceição.

Os dois desceram um pouco o morro em obediência ao sacerdote de Deus. Ficaram então a sós o enviado do bispo e Maria da Luz.

—Você vê Nossa Senhora? Pode descrevê-la para mim? —Indagou o padre.

—Vejo sim. Ela parece com a Nossa Senhora do Carmo da Catedral de Pesqueira. O manto dela é azul, o vestido é creme e com uma faixa. No braço esquerdo, carrega um menino e ambos têm uma coroa resplandecente de ouro na cabeça. Também vejo o pé dela e o menino colocou o braço em seu pescoço—Respondeu Maria da Luz.

—O que é que você chama creme? —Indagou o pároco.

—Uma coisa entre o branco e o amarelo—Disse a jovem.

—Muito bem. Pode descer e chame Maria da Conceição—Pediu o sacerdote.

—Certo. Estou indo—Obedeceu a Maria da Luz.

Maria da Luz caminhou um pouco até onde estava Maria da Conceição e deu-lhe o recado do investigador. Foi então que a segunda subiu ao encontro do homem de Deus. Foram feitas as mesmas perguntas e as respostas foram iguais impressionando ainda mais o vigário. Com intuito de coloca-la a prova, ele continuou.

—Olhe, minha filha, a outra disse que Nossa Senhora estava do lado de cá. Como é que você me diz o contrário?

—Lá eu não vejo—Respondeu a menina calmamente.

—Está bem. Vá chamar Maria da Luz.

A vidente obedeceu descendo o morro. Depois as duas subiram ficando diante do amigo.

—Maria da Luz, como se chama a imagem? —Indagou o enviado.

—Ela respondeu que é a graça—Disse Da Luz.

—Ela está triste? —Continuou o padre.

—Ela está rindo—Disse Maria da Luz.

—Ela me parece satisfeita—Completou Maria da Conceição.

—A imagem me vê? —Indagou o vigário.

—Ela disse que sim—Respondeu Maria da Luz.

—Posso fazer algumas perguntas em outras línguas? —Questionou o investigador.

—Ela disse que sim—Confirmou Maria da Conceição.
—Olhe, ela e o menino estão rindo—Observaram as duas meninas.

As perguntas seguintes foram feitas em latim e alemão e mesmo sem conhecer os idiomas as videntes transmitiam a resposta certa em português.

—Es mater divinae gratias?
—Sou.
—Es mater salvatoris nostri?
—Sim.
—Es tantum meditrix gratiarum necesarie ad salutam?
—Sim.
—Desideras permanere hic?
—Sim.
—Aut desideras reliquere hunc locum?
—Sim.
—Ad priman partem?
—Sim.
—Brasilia castigatus erit a Deo?
—Sim.
—Quis ego sum cognosces?
—Sim.
—Quare negasti antea?
—Não.
—Wer bist du – Quem sois vós?
—A Mãe do Céu.
—we hais das Kind auf daimem Arm – Como se chama a criança que está em vosso braço?
—JESUS.
—A imagem é uma alma ou Nossa Senhora?
—A Mãe do Céu.
—Qual a finalidade de sua estada aqui?
—Foi JESUS que mandou.

—Para que ele mandou?
—Para dizer que virão tempos sérios.
—Estas coisas acontecerão logo? (época da aparição: 1936)
—Não.
—Que é preciso para afastar os castigos?
—Penitência e oração.
—Qual é a invocação desta aparição?
—Das Graças.
—Os padres e os bispos sofrerão muito?
—Sim.
—Que significa esta água aqui?
—É um sinal que Eu dei.
—Esta água serve para doenças?
—Para aqueles que tiverem fé.
—Aqui será um lugar de devoção?
—Sim.
—A perseguição a Igreja será grande?
—Sim.
—Como posso pregar esta aparição sem ordem das autoridades eclesiásticas?
—Mais tarde eles permitirão.
—Se sois a Mãe de Deus, dai-nos a vossa bênção.

Subitamente, a imagem os abençoou. Comovidas, fizeram o sinal da cruz. Foi quando eles se despediram do local retornando as suas respectivas moradas e obrigações.

As aparições continuaram com inúmeros milagres sendo relatados. Por força da própria vontade, Maria da Luz recolheu-se num convento onde iniciou sua missão religiosa. Através do seu ofício, propagou a devoção a Nossa Senhora com maestria. Nossa Senhora das Graças é, portanto, a protetora de todos os cristãos nordestinos.

Virgem dos pobres
Banneux-Bélgica-1933

15 DE JANEIRO DE 1933

Um domingo

Mariette conclui suas obrigações da tarde. Este fato lhe faz feliz e útil. Agora, está na hora de esperar o Irmão Julien que vinha do trabalho. Para isso, vai até a janela observar a estrada cheia de expectativas. Alguns instantes depois, surge em seu jardim a silhueta duma mulher resplandecente vestida de branco e com um cinto azul. A estranha acena para a garota lhe chamando.

Cheia de dúvidas, a menina exclama:

—Mãe, tem uma mulher no jardim e ela está me chamando!

A mãe que estava sentada num tamborete da sala se levanta e vai verificar o ocorrido. Ao se aproximar da janela, ela percebe a presença do ser luminoso e numa atitude protetiva, puxa sua filha, dizendo:

—Não vá sair! Deve ser uma bruxa nos tentando!

As duas fecham a porta da casa e então a visão desaparece.

18 DE JANEIRO DE 1933

A vidente se encontra no jardim em fervorosa oração quando a misteriosa senhora lhe aparece. A pedido dela, a jovem se levanta e vai até a estrada. No caminho, cai duas vezes ao chão desfalecida. Na terceira queda, cai diante duma fonte.

—Mete as mãos na água. Esta fonte está-me reservada. Boa tarde, até a próxima.

A moça obedece e entra em êxtase. Ao acordar, sente uma estranha sensação de felicidade. O que significava aqueles estranhos fenômenos? Seu objetivo era investigar isso o quanto antes. Pensando ainda neste caso, volta para casa objetivando ajudar sua mãe nas obrigações domésticas.

19 DE JANEIRO DE 1933

Mariette volta ao caminho ficando de joelhos em oração. Não demora muito e a estranha mulher reaparece com um belo sorriso estampado nos lábios. Cheia de curiosidade, a garota inicia a conversação.

—Quem sois vós, linda Senhora?
—Eu sou a virgem dos pobres. Acompanhe-me, por favor.

Cheia de confiança, a vidente obedece a mulher e juntas vão até a fonte. Nisto, o diálogo é retomado.

—Dissestes-me ontem, bela senhora: Esta fonte está-me reservada. Por que está me reservada?
—Esta fonte está reservada a todas as nações.... Para aliviar os doentes. Rezarei por ti. Até a próxima.

Dito isto, desapareceu misteriosamente aguçando ainda mais a curiosidade daquela sapeca menina.

20 DE JANEIRO DE 1933

A noite anterior foi uma noite bastante longa e movimentada onde a vidente dormiu bem pouco. A consequência disso é que ela acordara cansada e exausta sem nenhuma força para se levantar. Só foi fazê-lo ás 18:45 Hs. Neste instante, toma um banho, veste uma roupa limpa, janta e sai ao jardim a contemplar a noite e a rezar. Foi quando a sua amiga reaparece deslumbrante como sempre.

—Ò, cá está ela! Que desejais, minha bela senhora? —Indagou Mariette.
—Gostaria de uma pequena capela—Pediu a Virgem.

Levantando as mãos, ela abençoa a garota e se eleva aos seus olhos. Depois disso, passou-se três semanas sem nenhuma aparição da rainha dos céus. Ainda assim, a devota insistia todos os dias em suas orações demonstrando uma fé inabalável.

11 DE FEVEREIRO DE 1933

Parecia um dia como qualquer outro normal. Contudo, uma estranha força impulsionava Mariette a voltar para a estrada. Ela obedece. Nesta trajetória, cai de joelhos duas vezes, mas logo levanta devido sua fé mariana. Ao chegar junto a fonte, molha suas mãos e faz o sinal da cruz. Do seu lado, aparece a virgem dos pobres sorrindo.

—Venho aliviar o sofrimento! —Declara a mãe do céu.

A médium fica estática. O que queria dizer exatamente aquilo? Com o desaparecimento da Imaculada, ela se levanta bruscamente do local correndo até em casa. Era preciso tempo para repensar com calma tudo o que estava acontecendo com ela.

15 DE FEVEREIRO DE 1933

As duas confidentes se encontram novamente no jardim. Orientada pelo seu confessor pessoal, a jovem inicia o diálogo.

—Santíssima Virgem, o Sr. Padre disse-me para lhe pedir um sinal.

—Acreditai em mim, eu acreditarei em vós. Nenhum sinal lhes será dado a não ser a volta do meu amado filho ainda neste tempo. Através dele, os corações hão de se reencontrar—Revelou Maria.

—Quando será isto?

—Ninguém sabe a não ser o pai. O que resta a fazer é rezar muito. Até a próxima.

—Até.

Ouve-se um estrondo de trovão e o relâmpago respectivo. A virgem já não se encontra com ela e então a serva retorna para casa cheia de esperanças. Tinha sido mais um dia abençoado pela grande mãe do céu.

20 DE FEVEREIRO DE 1933

O frio é bastante intenso neste dia. Mesmo assim, a serva de Deus sai de casa e faz o mesmo itinerário das outras vezes rezando sempre. Sua persistência é premiada com mais uma aparição da Santíssima Virgem.

—Minha querida filha, reza muito—Recomenda nossa mãe.

—Sempre que puder, vou fazê-lo, minha amada mãe—Garantiu a vidente.

—Fico feliz! Até a próxima! —Retribuiu Maria.

Dito isto, desapareceu num instante. A serva de Deus sentiu uma estranha sensação de felicidade ficando pronta para encarar o restante do dia. Era preciso pois se alegrar.

02 DE MARÇO DE 1933

Eram exatamente 19:00 Hs e chove desde a tarde. Enfrentando o tempo ruim, a jovem vai até o jardim onde reza o terço. Durante a oração, sua protetora aparece.

—Esta é a última vez que venho aqui. Saiba que sou a mãe do salvador, mãe de Deus. Rezai muito.

Como assim? Última vez? A devotada serva não quis acreditar naquelas palavras duras para seu doce coração.

—Já? Sim, da minha parte prometo isso.

A virgem deu dois passos para frente e lhe impondo as mãos, disse:

—Adeus!

O céu ficou azul, o sol brilhou, os anjos cantaram e uma brisa fina passou por ali. Se encerrava o ciclo de aparições Marianas em Banneux. A virgem dos pobres é uma das grandes venerações do povo Belga.

Virgem pura dolorosa de Umbe

Bilbao-Espanha

1941-1988

Esta sequencia de aparições aconteceu geralmente na casa grande localizada numa extensa propriedade florestal alcançada através dum estreito caminho pelo Alto do Umbe.

25 DE MARÇO DE 1941

Felicia se encontrava sentada na mesa da cozinha em meio ás suas orações habituais.Ao dar meia noite,o ambiente é preenchido com uma luz sobrenatural e então a vidente pode ver Nossa Senhora.Ela é muito bela e abre um sorriso cativante.Instantes depois,desaparece sem dar maiores explicações.

23 DE MAIO DE 1969

Passando próximo ao poço,em direção a sua casa,novamente lhe apareceu a mãe de Deus .

—Estais em Minha casa, quero que a deixeis —Recomendou a santa.

Em seguida, a visão desapareceu. Obedeceram a ordem divina e seguiram a tradição de rezar sempre naquele local o terço.

20 DE JULHO DE 1969

A noite desceu e o dia fora tranquilo e calmo em todos os eventos. Felisia se encontrava só meditando na sala da casa quando a mesma luz sobrenatural adentrou na residência. Dentro dela saiu a figura duma mulher jovem com uma coroa na cabeça e carregava consigo um rosário.

— No primeiro dia em que eu vim salvar-te, desci primeiramente ao poço; esta água ficará abençoada hoje para sempre e curará os doentes e sãos que com ela lavarem a cara e os pés. Quero que aqui se erga uma capela—Solicitou Maria.

—Vou empreender todos meus esforços para isso. Aproveito este momento também para te pedir a cura do meu marido o qual anda desenganado pelos médicos.

—Mande ele se lavar na água. Com fé, tudo é possível. Fique em paz e observe meu pedido.

Maria desapareceu e sua serva foi logo testar o poder da água do poço junto com o esposo. Uma semana depois, ao refazerem os exames, não encontraram vestígios da doença. Houve, pois, um milagre de Nossa Senhora para maior glória de seu nome.

09 DE SETEMBRO DE 1969

Depois do jantar,a família sistiaga deslocou-se até o poço no intuito de conversar e observar a bela noite estrelada.Ficaram bastante tempo nestas atividades.Exatamente ás dez da noite,ocorreu entre eles mais um fenômeno sobrenatural.Subitamente,o ambiente ficou todo iluminado e de dentro desta luz surgiu um ser glorioso o qual se aproximou.Tratava-se dum anjo loiro,com asas azuis e vestindo uma roupa toda branca.

Ficando junto a garota Felisa,ele entrou em contato.

—Tome este pedaço de veludo preto.Com ele,devem revestir a imagem de Nossa Senhora—Recomendou o anjo.

—Está bem, Senhor—Concordou a vidente.

Sem mais informações, ele retornou a luz e aos poucos foi se afastando em direção ao céu. Sua tarefa tinha sido cumprida. Quanto a família Sistiaga, com o susto, retornaram para casa imediatamente. Já chega de sustos por hoje, concluíram.

14 DE JULHO DE 1970

A devota Mariana se encontrava em seu quarto rezando o rosário quando a já comum claridade lhe apareceu.Do lado direito da sua cama,apareceu a bela e sorridente virgem Maria.

— Cumpri meu desejo na terra, que eu farei o vosso, no Céu. Eu vos enxugarei as lágrimas.

—Obrigada,minha mãe.São tantas dores que eu suporto.

—E eu não sei, filha? Tenha fé e confiança em meu nome. Através de suas ações, ele será cada vez mais glorificado na terra.
—Amém!
—Fique em paz!
Dito isto, a claridade foi desaparecendo do quarto. Foi então que a serva de Deus aproveitou para descansar dos seus trabalhos diários.

31 DE JULHO DE 1970

Era o início da tarde.Felicia foi ao campo pastorear os rebanhos.No momento em que estava descansando á sombra duma árvore,lhe apareceu a virgem se aproximando no caminho entre os animais.Ela era a mesma bela jovem das outras vezes vestindo um conjunto todo prata.No braço direito,carregava um rosário.Ao chegar junto da serva,pôs-se a conversar.
—Boa tarde, minha querida. Espero que a paz do meu Senhor esteja contigo.
—Sim, está. Quero saber de ti como ficará a situação do poço abençoado.
—Eu cumpro o que prometo. A água continuará curando.
—Fico mais tranquila. Agradeço por isso.
—Não tem de que. Olhe, vim trazer-lhe um presente—Disse a santa entregando-lhe o rosário.
—Muito obrigada!
—Deve rezar e ensinar esta devoção todos os dias. Meus ouvidos estarão atentos ás vossas súplicas e em especial quer a conversão dos pecadores.
—Farei o possível e o impossível. Deseja mais alguma coisa, minha mãe?
—Quero sim. Construam uma capela em minha honra. Meu desejo é que muitas pessoas venham aqui adorar a Deus e

minha Imaculada Conceição. Só assim o mundo encontrará a paz tão desejada.

—Entendi. Sua vontade será feita!

—Alegro-me com isto. Fique bem!

—Amém!

A mãe de Deus se retirou pensativa. A tarefa de hoje estava cumprida. Restava agora esperar os próximos passos. Quanto a serva, no final do dia retornou para casa e começou a colocar em prática os planos de sua mentora. Tudo para maior glória de Deus!

30 DE OUTUBRO DE 1970

A família Sistiaga se reuniu na sala de estar para rezar.Logo que iniciaram a reza do terço,a virgem lhes apareceu participando deste momento.Acompanhando as orações,haviam anjos cantando o que lhes dava a sensação dum completo céu.Concluído os trabalhos,a cheia de graça falou com a vidente.

—Gostei muito de ficar nesta hora com vocês. Minha alma se alegra!

—Qual é o vosso objetivo através destas aparições?

—Quero dar paz ao mundo e quero que rezem sempre neste local.

—O que devemos fazer para alcançar tua graça?

—Cultivem os bons valores. Se fizerem o que eu vos digo, salvar-se-ão e terão a paz.

—O que devemos fazer mais?

—Rezem muito especialmente o rosário. É através desta devoção que posso fazer milagres.

—Muito obrigada!

—Por nada! Fique com Deus!

A iluminação sobrenatural cessou e os presentes finalizaram as orações com um pai-nosso. Após, foram se recolher em seus respectivos dormitórios felizes, tranquilos e realizados. Este tinha sido mais um dia iluminado pela mãe de Deus!

24 DE DEZEMBRO DE 1970

Era noite e a venerável serva de Deus havia se recolhido ao seu quarto em cumprimento de suas obrigações religiosas. No meio da reza do terço, eis que lhe apareceu Nossa Senhora com um ar sério e triste.

—O que foi, minha senhora? Por que está tão triste? —Admirou-se a serva.

—Não viste o que fiz pelo teu povo? E olha o que recebi? Que os doentes curados agradeçam devidamente o favor que receberam. Se não, terão castigo que merecem.

—Tenha piedade de nós, minha mãe. Somos todos pecadores sem entendimento. Que teu coração maternal seja tocado com compaixão.

—Assim seja. Conquanto terão que se emendar evitando os pecados. Não machuquem mais o coração do meu filho e o meu. A fim disso, continue rezando pela conversão dos pecadores.

—Sim, sempre estou rezando.

—Muito bem! A cruz seja teu guia!

—Amém!

A alma de Maria se elevou aos céus aos olhos da confidente. Suspirando um pouco preocupada, sua serva pensava na melhor maneira de ajudar o Senhor em seu propósito. Dentre as poucas certezas que tinha, uma delas era que a conduta dos crentes deveria mudar por completo ou então tudo estaria perdido.

23 DE MAIO DE 1971

Em mais um momento de cumplicidade e e reserva no quarto, Maria apareceu a sua serva .

—Boa noite! Ainda continuam as heresias contra meu nome e de meu filho o que me entristece bastante.

—Pode explicar melhor? Quais são as mais dolorosas?

— As minhas ânsias e dores por todos os meus filhos não tem fim. Grandes faltas de fé, na terra, acarretarão sua miséria. Se não fizer caso do que eu disse então será o fim.

—O que poderá acontecer?

—Formar-se-á um nevoeiro tal que não vereis uns aos outros. De nada vos servirá luz alguma .

—Quanto tempo durará?

— Durará o tempo que for preciso. Os justos e os dignos não sofrerão. Todos os meus filhos terão que pedir perdão a Deus. Isto será um aviso do castigo. No período de tempo que falta até então mudarão dois Papas.

—Isto é reversível?

—Com muita oração e mudança de atitude.Fazei vossa parte continuando a pedir pelos pobres pecadores.

—Sim.Estou fazendo,minha mãe.

—Muito bem!Sua recompensa será grande!Vamos vencer o mal juntas!

—Amém!

Maria substituiu a expressão de seriedade por um sorriso e então desapareceu.Da parte de sua devota,ela continuou ainda por um bom tempo pedindo pela conversão dos pobres pecadores.Não seria por falta de ação que o mundo se perderia.Ao cansar,deitou-se em sua cama e repousou o sono dos mortais.A cada dia,sua preocupação.

22 DE JUNHO DE 1971

Tinha sido um dia calmo mas sem muitos avanços em relação a mudança de atitude por parte de algumas pessoas.Isso era realmente algo difícil de alcançar.Foi implorando por piedade divina que a virgem se manifestou novamente.Ela demonstrava um semblante triste,preocupado e profundo direcionado a empregada.

—Ainda não se emendaram mesmo diante de tantos milagres e provas dadas por Deus.É realmente temeroso! —Constatou a virgem.

—Verdade!E quanto a situação da Espanha? —Indagou Felicia.

—Livrarei a Espanha de Guerras.Mas haverá muitas catástrofes e doenças provocando a morte de muitos.

—Quando ocorrerá este castigo?

—Antes do castigo,dar-vos-ei o aviso.

—Em que consiste exatamente os fatos decorrentes disso?

—Iluminar-se-á o céu com uma cruz, que, ao desfazer-se, produzirá uma imensa luz branca, que inclusive encobrirá o próprio sol. Durará quatro horas. Seguidamente, soprará um vento ardente por toda a terra. Muitos morrerão de emoção. Os que tiverem fé em Deus não sofrerão.

—Ainda bem!Glória a Deus!

—Os justos são sempre protegidos.Continue em seu trabalho apostolal,minha filha!As bênção virão em consequencia dos seus atos.Fique em paz!

—Amém!

Olhando em direção ao horizonte infinito,a Imaculada Conceição sorriu com esperança e se elevou.Ainda havia mais coisas a repassar em outras oportunidades.Enquanto esperava, a sua seguidora não cansaria de trabalhar em prol do bem e da conversão dos pobres pecadores.

2 DE OUTUBRO DE 1971

Em mais um encontro importante com a mãe de Deus,as duas discutiram sobre as questões relacionadas á salvação da alma do ser humano.

—ò,quanto me pesa minha filha a perca de almas.Se houvesse mais pessoas dispostas a se sacrificar e rezar por elas grandes milagres aconteceriam.

—Eu faço a minha parte.No entanto,a maioria das pessoas não faz.Esta é a realidade nua e crua a qual devemos enfrentar.

—Sim,eu sei.Cuidemos para que seu trabalho se propague cada vez mais.

—Amém.Qual recomendação quer reforçar para a humanidade,virgem mãe?

— Orai, meus filhos; fazei penitência. Pedi, que eu sou a Vossa Mãe. Deus dá a toda a humanidade um dom que não se vende, nem se pode comprar. Orai, que eu quero salvar os meus filhos.

—Queremos.De tua parte,pedimos vossa bênção e proteção.

—Já vos tem sempre.Fique em paz!

—Amém!Obrigada!

Esbanjando alegria,a santa mãe de Deus desapareceu com a recomendação de voltar logo.A sua missão ainda não havia sido cumprida.

4 DE JUNHO DE 1972

A noite desce.Como de costume,a santa serva de Deus recolhe-se em seu quarto visando cumprir suas obrigações religiosas.No meio da oração do terço,uma claridade sobrenatural preenche seu quarto e no mesmo instante a virgem se apresenta vestida toda de branco,com uma coroa dourada na cabeça e com um rosário dependurado no braço direito.

—O que quer minha adorada mãe?

—Quero que cumpra bem os vossos deveres, orai, orai sempre que eu sou a Mãe do Salvador, a Mãe de Deus.

—Estou cumprindo!

— Quero aqui uma Capela e que a ela se acorra em procissão.

—Com que objetivo?

—Pela remissão dos pecados.Meu filho está dolorosamente ofendido e eu todo farei para o desagravar.

—O que acontecerá caso não consigamos cumprir vosso pedido?

— Se não se ouvirem as minhas palavras esta nação provocará muitos erros contra a Igreja.

—Como conseguir obter o favorecimento de Deus nesse projeto?

—Orai, que meu filho atende vossas orações.

—Algumas pessoas depois da obtenção da cura estão ficando desleixadas.

— Os curados que não derem testemunho serão castigados com males maiores, os que derem serão minhas lâmpadas acesas e estarão sempre sob a proteção do meu manto.

—Podemos continuar disseminando a fé na água do poço?

—A água continuará a curar.

—Que bom!Graças a Deus e a vossa intercessão!

—Não é mais nada do que minha obrigação por ser vossa mãe Divina.Parabéns e até a próxima!

—Até!

A Virgem suspirou como se pensasse em algo.Tantas coisas já haviam se passado.Agora,cada vez mais se aproximava os momentos finais.Afasta-se da protegida vos abençoando com o sinal da cruz.Pouco depois,a vidente cai na cama fatigada.O trabalho do dia estava cumprido.

11 DE DEZEMBRO DE 1975

Este foi mais um dia abençoando em que a virgem contactou a nobre serva em seu recinto particular.Ela apareceu sob uma nuvem vestida toda de branco inicialmente mostrando uma cara séria e preocupada.

—Oh,minha amada mãe!Vejo a tristeza em seu olhar.De que forma posso aliviar seu coração? —Indagou Felisa.

— Quando, com vossas orações e sacrifícios, me ajudais a salvar uma alma e converter um pecador, cicatrizais-me um ferida—Respondeu nossa santa mãe.

—Como a Senhora avalia nosso trabalho aqui em Umbe?

— Estou muito contente com Umbe. Tenho-vos todos debaixo do meu manto.

A virgem abriu um sorriso cativante mudando o aspecto de suas feições.Isso queria dizer que através do trabalho de sua devotada amiga e com as bênçãos de Deus a força do bem estava prevalecendo sobre o mal.

—Como devemos agir a partir de agora? —Indagou a empregada.

— Perseverai na vossa oração e sacrifício, que os acontecimentos estão à porta. As almas que mais amo são as que mais sofrem, que compartilham as minhas dores, em reparação pelos pecadores—Informou Maria.

No instante posterior,abriu os braços acenando em despedida.Aos olhos da serva,desapareceu sem maiores explicações.Sua visita deixara um rastro de perfume adorável através do qual os cristãos podiam se inspirar.Isso significa em termos de atitude em ser dócil,doce,sensível,compreensivo,tolerante e carinhoso com o próximo.Era exatamente o que a empregada deveria repassar aos outros irmãos em todas as oportunidades possíveis.

28 DE FEVEREIRO DE 1976

É o dia de aniversário de Felisa.Um dia repleto de felicidades em que essa venerável criatura compartilha com família e amigos.Ela passeia,dança,brinca,come e canta hinos em honra ao Senhor por sua vida.Tudo é muito singular e especial nesse dia.

Ao chegar a noite,ela se trancafia em seu dormitório.Ao rezar suas orações,a virgem lhe aparece da mesma forma de sempre.

—Feliz aniversário! Estou contente, muito contente convosco. Com o Rosário, vencereis; não o deixeis cair das mãos; os que o abandonarem perecerão—Diz Maria.

—Muito obrigada!O que tem a nos dizer sobre o futuro da Espanha? —Indagou a seguidora.

— Virão dias de purificação para a Espanha: Distúrbios sangrentos, más colheitas, crises, fome, doenças e mortes—Anunciou a santa.

—E a situação da Igreja?

— A Igreja parecerá desaparecer e ficará como que destruída.

—Como ficaremos então?

— Eu serei a Vossa Fortaleza e consolo nesses dias.Agora tenho que ir definitivamente.Fique com Deus!

—Amém!Bendita seja!

O céu se abriu,os anjos cantaram e a terra tremeu neste que foi o último dia desta sequência de aparições Marianas.Que consigamos seguir suas recomendações com fé e devoção tendo a consciência de que essa sua manifestação é uma das principais protetoras dos cristãos espanhóis.

Nossa Senhora de Bonate
GHIAIE DI BONATE-ITÁLIA-1944

O LOCAL

Ghiaei di Bonate pertence a Diocese de Bergamo distante dez quilômetros da capital. O local recebe esse nome motivado pelo terreno saibroso do Rio Brembo.Na época, era um local extremamente perigoso por conta de bombardeios e metralhamentos na segunda guerra mundial.

Neste tempo de angústias e incertezas, Nossa Senhora aparece a uma garota de sete anos trazendo uma mensagem de paz e esperança ao mundo.

A VIDENTE

Em Torchio, Bairro de Ghiaie di Bonate, residia a Família Roncalli composta por dez membros. Era uma família humilde, mas estabilizada emocionalmente com a criação dos filhos baseados nos valores cristãos. Exemplos para os filhos, pai e mãe se dedicavam ao trabalho buscando dar os filhos as mínimas condições de sobrevivência. Enquanto o pai trabalhava como operário numa fábrica a mãe fazia serviços artesanais e domésticos. Além disso, supriam suas crias com carinho e atenção nas horas vagas. Desse modo, eram admirados por todos que os conheciam. Suas sete filhas e um filho eram felizes.

Adelaide era uma das filhas e nessa época tinha sete anos. Cursava o primeiro ano escolar com exclusiva dedicação aos estudos. Era comportada, educada, gentil, saudável, amorosa e compreensiva com todos ao seu redor. Completamente simples, não passava por sua cabeça ser escolhida pela mãe de Deus como porta-voz de suas mensagens para um mundo em guerra tornando seu nome importante e famoso no mundo inteiro.

AS APARIÇÕES

Primeira aparição

<u>13 de maio de 1944</u>

Amanhecera. Era dia de sábado prometendo ser dentro da normalidade. Após levantar, tomar banho e comer o desjejum, Adelaide se reuniu com seus irmãos e amigos no terraço de sua casa gastando o tempo sem maiores preocupações. Nestes momentos de distração, cumplicidade e harmonia ela sentia exatamente o gosto da infância e da amizade.

No período da tarde-noite, almoça, lê um livro, faz faxina, escuta o rádio e janta. As dezoito horas, sai de casa obedecendo o pedido da mãe de recolher flores de sabugueiro e margarida. Sua genitora adorava ter flores enfeitando a entrada da casa.

Ao ficar diante duma imagem de Nossa Senhora, eis que a própria lhe resolveu aparecer. A bela mulher vestia um conjunto todo branco, tinha um manto azul, uma coroa prata na cabeça e um terço dependurado no braço direito. A mulher caminhava em direção a vidente acompanhada de dois homens reconhecidos posteriormente como José e Jesus. Ao chegar mais perto, entrou em contato:

—**Não fuja porque eu sou Nossa Senhora! Você deve ser boa, obediente, respeitosa com o próximo e sincera. Reze bem e volte neste lugar por nove noites sempre a esta hora.**

Em seguida, desapareceu como fumaça. A menina ficou abismada e com medo. Retornou, pois, para casa contando o ocorrido a sua família que ficou ainda mais impressionada. As coisas de Deus são realmente inexplicáveis.

Segunda aparição

<u>14 de maio de 1944</u>

Adelaide e suas amigas concentravam-se em oração diante do oratório. Era um exercício diário, muito proveitoso e agradável aos olhos de Deus. Através deste esforço conseguiam bastantes conversões e milagres em nome da santíssima Virgem engradecendo ainda mais seu nome na região.

Em dado momento, a vidente sentiu-se intimamente movida a retornar ao local da primeira aparição da milagrosa santa. O que seria? Naquele momento, nada suspeitava em relação aos motivos disso. Apenas iria seguir a voz da sua intuição com a certeza de estar indo no caminho certo. Esta autoconfiança era fruto de sua inteira confiança na Dama iluminada.

A fim de não ir só, chamou algumas colegas apressada e ansiosa. Por que se sentia daquela forma mesmo já tendo uma experiência anterior já consolidada? A explicação plausível era sua totalmente sensibilidade á emoções sobrenaturais. Dando pulos feito gato, ela e suas companheiras percorrem distâncias rapidamente. A pressa é tanta que mal podem ver o sol iluminado, as nuvens brancas a passear no céu, o vento forte e persistente batendo sobre os ombros com uma voz fininha chamando-as de longe.

O ar de mistério envolvia completamente a expedição. A quebra acontece ao atingir o ponto desejado. O que elas veem? Olhando para cima, observam passar duas pombas brancas. Um pouco mais acima, um comboio luminoso se aproxima em alta velocidade semelhante a figura da sagrada família. O grupo fica expectante. De dentro do prospecto, surge a imagem da Rainha dos céus tão bela quanto da outra vez. Ao se aproximar mais, ela pede:

—Você deve ser boa, obediente, sincera, rezar bem e ser respeitosa com o próximo. Entre os seus 14 e 15 anos, você se tornará madre Sacramentina. Sofrerá muito, mas não desanime, porque depois virá comigo ao Paraíso.

Ao dizer isso, abriu os braços e a abençoou. Foi se elevando até sumir completamente no horizonte deixando um rastro de tristeza e saudades. Como era bom ficar diante da santa Mãe participando de momentos tão especiais. De comum acordo, as garotas iniciaram o caminho de volta mais tranquilas. No meio do caminho, encontraram um amigo que forçosamente provocou uma parada.

—Onde vocês estavam, garotas? —Perguntou o rapaz.

—Viemos do campo. Acabamos de ver Nossa Senhora! —Afirmou Adelaide

—Volte lá ainda para ver se ela aparece de novo e pergunte se eu poderei ser sacerdote consagrando minha vida a ela—Solicitou o amigo.

—Está bem—Concordou Adelaide.

Enquanto a vidente se afastava, eles descansaram no meio da estrada aproveitando o tempo ocioso para papear um pouco. Adelaide era mesmo uma companheira admirável, bondosa e prestativa. Não havia melhor pessoa a ser escolhida pela mãe de Deus para ser sua confidente na terra. A prova disso era seu engajamento social pelo próximo e sua intensa entrega ao apostolado cristão. Todos sentiam orgulho dela.

Concentrada em seu objetivo, a serva andava rapidamente por aquelas estradas reais. Nem mesmo o cansaço era empecilho para que cumprisse sua promessa. Sua alegria vinha exatamente do fato de servir sempre ao outro. Notadamente uma virtude a ser elogiada e abençoada por Deus.

Ao chegar novamente no local das aparições, ergueu seu olhar aos céus esperando com fé uma manifestação divina. Após alguns minutos de espera, suas preces foram atendidas. Como relâmpago, do seu lado apareceu sua pronta advogada.

—Sim, ele será um Sacerdote Missionário segundo o Sagrado Coração, quando a guerra acabar—Revelou a venerável Maria.

Com a missão cumprida, esta visão foi sumindo aos poucos. A empregada retomou a jornada indo encontrar com os seus colegas. Contou-lhes o que ouviu e a alegria do moço foi completa. Juntos, retornaram para suas respectivas moradas. Ainda havia mais coisas por fazer durante o dia com a bênção de Deus.

Terceira aparição

15 de maio de 1944

A serva de Deus encontrava-se no mesmo local das outras aparições exercitando seu dom religioso. Cada um destes momentos era considerado sagrado para ela sentindo-se feliz, realizada e preenchida com uma paz interminável. Indiscutivelmente, este era um feito atribuído a sagrada Rainha dos Céus.

Em dado instante, um ponto luminoso e duas pombas brancas se aproximam do local. Com a certeza de que havia algo sobrenatural nisso esta venerável madame concentrou suas atenções nos objetos se aproximando numa velocidade espantosa. De dentro da luz, ela pode contemplar o mistério da sagrada família. Ela pode ver nitidamente as figuras de Jesus e de Maria bem vestidos, luminosos, com feições destacadas, portes imponentes e decisivos. Foi aí que ela iniciou o contato.

—Por favor, minha mãe, peço-vos a cura das pessoas que lhe procuram e também solicito a paz com a consequente fim da guerra.

—Diga a eles que se querem que os filhos se curem devem fazer penitência, rezar muito e evitar certos pecados. Se os homens fizerem penitência a guerra acabará entre dois meses, caso contrário, em pouco menos de dois anos.

—Pois então comecemos a rezar enquanto temos tempo.

—Sim. Irei te ajudar.

As duas cúmplices rezaram juntas uma parte do terço. Lentamente, a imagem da sagrada família foi desaparecendo. Agora, a pequena empregada procuraria divulgar entre os conhecidos e praticar os conselhos dados pela sua mestra. Ainda havia tempo para salvar o mundo da destruição total.

Quarta aparição

<u>16 de maio de 1944</u>
Anoiteceu e a nossa querida amiga voltou ao mesmo ponto. Sem demoras, o ponto luminoso e as pombas voltaram a aparecer com a manifestação de Jesus, José e Maria. A virgem santíssima abriu um largo sorriso e drasticamente mudando suas feições para tristeza disse:
—Tantas mães tem as crianças infelizes pelos seus pecados graves. Não façam mais pecados e as crianças se curarão.
—Quero um sinal vindo de ti visando satisfazer o desejo das pessoas.
— Também isto acontecerá a seu tempo. Reze pelos pobres pecadores que precisam das orações das crianças.
Observando o horizonte, a Imaculada suspirou e foi se elevando aos olhos da devota. Mais uma etapa havia sido cumprida com sucesso perante Deus e pelo mundo.

Quinta aparição

<u>*17 de maio de 1944*</u>
Cumprida suas obrigações do dia, a nossa irmã em cristo se dirigiu novamente ao local das aparições à espera de mais um encontro. Não demorou nada e já aparecem o ponto luminoso, Nossa Senhora e oito anjos. Ela se dispôs ao contato.
—**Vim lhe** confiar um segredo. Daqui a um tempo, a paz voltará a terra com a presença do meu divino filho restabele-

cendo a união entre os homens. Ele deverá nascer no Brasil dentro duma realidade de miserabilidade enfrentando os maiores preconceitos existentes na sociedade. Ele vem vindo trazer a luz!

—Como e quando?

—Ainda não pode ser revelado. Vamos! Diga ao bispo e ao papa o segredo que te confio...Te recomendo de fazer o que eu disse, mas não contar a mais ninguém.

—Está bem!

—Fique em paz!

A aparição foi sumindo aos poucos e a vidente começou a chorar de emoção e de felicidade pelo mundo ter sido agraciado com outro presente de Deus. Voltando para casa, concluiu suas orações e foi dormir.

Sexta aparição

<u>18 de maio de 1944</u>

No local de sempre, Nossa senhora apareceu juntamente com duas pombas e anjos ao seu redor. Suspirando lentamente disse:

—Oração e penitência. Reze pelos pecadores mais obstinados que estão morrendo neste momento e que machucam o meu Coração.

—Certo.Eu o farei! De qual oração a senhora mais gosta?

— A oração que eu mais gosto é a Ave Maria.

Em seguida, a visão desapareceu. Como forma de homenageá-la, a médium cantou cânticos em sua honra. Sempre era bom agradecer por tudo que estava acontecendo naquele local.

Sétima aparição

<u>19 de maio de 1944</u>

No local de orações, a serva contempla o mistério da sagrada família em mais uma de suas aparições. Viu Jesus, Maria e José completamente unidos e bem vestidos na luz. Além destes, viu anjos ao seu redor. Como era lindo as coisas de Deus em seus ricos detalhes. Ainda não estava acreditando que tinha a honra de ver semelhantes coisas.

—Nossa Senhora, as pessoas me pediram para perguntar se os filhos doentes devem ser trazidos aqui para que possam sarar.

—**Não, não é necessário que todos venham aqui. Aqueles que podem, venham. De acordo com os seus sacrifícios, serão curados ou continuarão doentes, mas não façam mais pecados graves.**

—Podes fazer algum milagre para que as pessoas acreditem?

— **Também isto acontecerá, muitos se converterão e eu serei reconhecida pela Igreja. Meditas nestas palavras cada dia da sua vida. Tenha coragem em todas as dificuldades. Você me verá na hora da sua morte, te colocarei embaixo do meu manto e te levarei ao Céu.**

Uma fumaça preencheu o ambiente e o vulto da mãe de Deus sumiu. Muito alegre por conta da promessa da santa, Adelaide foi descansar pensando em todos os fatos recentes. Sua fé em Deus aumentava cada vez mais e era um fato a ser comemorado.

Oitava aparição

20 de maio de 1944

Em cima da Pedra, a empregada divina se esforçava em suas orações esperando mais um evento sobrenatural. Atendendo suas súplicas, lhe apareceu a sagrada família novamente unidos pela causa.

— Amanhã será a última vez que te falo, depois por sete dias te deixo pensar bem no que eu te disse. Procure entender bem, porque quando for maior te servirá muito se quiser ser toda minha. Depois destes sete dias voltarei ainda por quatro vezes—Afirmou Nossa Senhora.
—Mas vai me deixar, minha mãe?
—Nunca. Em meu coração sempre haverá um lugar cativo para ti. Estarei todo o tempo ao seu lado espiritualmente sugestionando boas ações.
—Ainda bem. Estou observando vossas mensagens e divulgando o máximo possível entre as pessoas.
—Muito bem. Continue fazendo isso especialmente pelos pobres pecadores. Eis que muitos se perdem por não haver quem se sacrifique ou peça por eles.
—Tem em mim a certeza duma aliada.
—Sei disso. Que Deus te cubra de bênçãos!
Mudando a direção do olhar, a alma da rainha dos céus pôs-se a caminho dos céus. A missão do dia estava por assim dizer cumprida.

Nona aparição

21 de maio de 1944

Surgem as mesmas duas pombas de sempre anunciando a manifestação da sagrada família estando no meio da Igreja. Quatro animais se encontravam diante da porta principal: Um burro cinza, uma ovelha branca, um cachorro branco malhado e um cavalo marrom. De joelhos, os animais rezavam. Dentre eles, o cavalo se levantou e deslocou-se até o campo de lírios onde os pisoteava com perversidade. José o acompanhou e evitou estragos maiores. Voltou então para a porta da Igreja retomando as orações. No caso em questão, o cavalo representa o chefe de família ou facção religiosa. Longe de seus afazeres, provoca ruína e desordem. Voltando a atuar, as coisas se encaminham ao sucesso auxiliado pela mansidão, fé e atitude representados pelos outros animais.

Décima aparição

<u>28 de maio de 1944</u>
Era o dia da primeira comunhão daquela serva devotada de Maria. Foi um momento singular aquele de entregar seu coração a Deus. Mais do que nunca, agora compreendia o significado de sua missão: Lutar pela paz e conversão dos pobres pecadores.

Voltando para casa, reuniu-se no mesmo local e horário de antes apresentando suas ofertas sinceras. Foi quando o ponto luminoso trouxe consigo a mãe de Deus e dois santos, São Lucas e são Judas.

—Reze pelos pecadores obstinados que fazem sofrer o meu Coração porque não pensam na morte. Reze também pelo Santo Padre que passa por maus momentos. Tantos o maltratam e muitos atentam contra a sua vida. Eu o protegerei e ele não sairá do Vaticano. A paz não vai demorar, mas o meu Coração espera aquela paz mundial na qual todos se amem como irmãos. Só assim o Papa sofrerá menos—Recomendou a nossa santa Mãe.

O olhar de Maria trazia serenidade e compaixão pelos erros de sua serva. Do seu lado, duas pombas negras simbolizavam a união da família e o amparo dela por toda a humanidade. Com todos estes elementos, a apóstola se sentia segura em seguir com seus sonhos e propósitos. Fazia isto em honra da santa Mãe e de Nosso Senhor Jesus Cristo. Tranquila, a redentora foi se afastando pouco a pouco até desaparecer completamente. No atual momento, restava a Adelaide descansar de seus trabalhos com muito mais otimismo e esperança do que outrora. A misericórdia havia vencido a justiça.

Décima primeira aparição

29 de maio de 1944

Neste dia, aparece Nossa Senhora acompanhada de anjos usando um vestido vermelho. Nas mãos, carregava as duas pombas negras e no braço estava pendurado o terço. Abrindo um sorriso leve, a rainha dos céus disse:

—Os doentes que querem sarar devem ter maior confiança e santificar os seus sofrimentos se querem ir ao Paraíso. Se não fizerem isto, não receberão nenhum prêmio e serão severamente castigados. Espero que todos aqueles que conhecem minha palavra façam todos os esforços para merecer o Paraíso. Aqueles que sofrerem sem lamento obterão de mim e do meu Filho tudo que pedirem. Reze muito por aqueles que têm a alma doente. O meu Filho Jesus morreu na Cruz para salvar todos. Muitos não compreendem estas minhas palavras e por isto eu sofro.

—Sim, continuarei com as minhas preces em favor dos pobres pecadores—Garantiu a devota.

—Que bom! Fico feliz por elas!

Mandando um beijo, a virgem santa foi se distanciando acompanhada dos anjos e das pombas. Sozinha, a nossa irmã em cristo buscava soluções internas para seus medos e projetos ainda não realizados. A única coisa que lhe restava era a fé em Nossa Senhora e isso por si só já bastava.

Décima-segunda aparição

30 de maio de 1944

Parecia ser um dia como outro qualquer até o exato momento em que a compadecida se manifestou novamente juntamente com anjos voando de um lado para outro. Brilhante como a luz e vestida com um bom gosto admirável, refletia suas mais nobres intenções através do vestido rosa e o véu branco. Após um breve suspiro, se comunicou:

— Querida menina, você é toda minha, mas mesmo estando no meu Coração, amanhã te deixarei neste vale de lágrimas e dor. Você me reverá na hora da sua morte e enrolada no meu véu te levarei ao Céu. Com você também irão todos aqueles que te compreendem e sofrem.

—Mas já? O que será de mim sem minha protetora?

—O que diz? Nunca eu teria coragem de abandoná-la. Estarei presente em todos os momentos seja sugestionando boas ações, confortando suas dores, nas vitórias e nas derrotas. Porém, estarei invisível. É razoável compreender que não pertenço a este mundo e, portanto, não poderá me ver mais.

—Entendo mesmo com o coração entristecido. Dai-me forças, minha mãe.

—Estarei contigo sempre! Uma força maior me chama. Até a próxima!

—Até!

Sozinha, a cristã não teve outra alternativa a não ser descansar pensando em todos aqueles fatos tão reveladores e pesados. Ainda não havia chegado ao fim.

Décima-terceira aparição

<u>31 de maio de 1944</u>

Amanheceu. O novo dia trouxe emoções e ações impregnadas com um sentimento de despedida. Nossa querida médium não parava de pensar em sua religiosidade, os motivos de sua missão, as pessoas que a acompanhavam, a fé em Deus e si e sua própria liberdade.

Como boa cidadã, foi cumprindo exemplarmente suas tarefas carregando um peso doloroso invisível. Era como se quisessem arrancar um pedaço do coração e deixa-la sem sentimentos ou alma. Mais do que tudo, se sentia uma pessoa do céu devido a seus valores, crenças, ações, obras e bondade. Seu desejo imediato era voar ao céu e morar com Jesus e sua amada mãe. Seria isso egoísmo de sua parte? Ao contrário do que ela pensava, Deus iria usá-la como instrumento divino de reconciliação com a humanidade envolvida em densa escuridão. A vida dela como também a de outros consagrados era, pois, um marco.

Ao entardecer, recolheu-se com piedade no local de sempre. Seguiu-se uma intensa vigília onde sua entidade adorada apareceu por volta das vinte horas. Sua aparição se deu exatamente como a primeira vez com um aspecto mais feliz, sério, decidido e firme.

—Querida filhinha, sinto muito ter que te deixar, mas a minha hora passou. Não se assuste se por um pouco não me verá. Pensa no que te disse, na hora da sua morte virei de novo. Nesta vale de dores, você será uma pequena mártir. Não perca a coragem. Desejo logo o meu triunfo. Reze pelo Papa e diga-lhe para fazer logo porque quero ser zelosa com todos neste local. Qualquer coisa que me for pedido, intercederei junto a meu Filho. Serei a sua recompensa se o seu martírio for alegre. Estas minhas palavras te servirão de conforto na provação. Suporte tudo com paciência e virá comigo no Paraíso. Aqueles que voluntariamente te farão sofrer, não irão para o Paraíso se antes não tiverem consertado tudo e se arrependido profundamente. Fique alegre, pois nos veremos ainda, minha pequena mártir.

—Oh, como me entristeço e me alegro ao mesmo tempo! Vá em paz, minha santa Mãe. Agradeço este tempo juntos e consequente aprendizado. Não descansarei em minhas orações visando vencer o mundo.

—Com certeza já venceu! Basta manter a fé em meu divino filho e em mim. Orai pelos pecadores e pelos enganadores!

—Sim! Juntas venceremos as trevas!

—Amém! Fique em paz!

Nossa senhora lhe deu um beijo suave em seu rosto e as lágrimas não paravam de cair da Serva. Aos poucos, a figura da mãe de Deus foi se afastando com a certeza de mais um ciclo cumprido. Logo ela voltaria para socorrer seus amados filhos em toda a terra! Viva Nossa Senhora!

PÓS-APARIÇÕES

A notícias das aparições logo se propagou fazendo da pequena jovem uma celebridade. Consequentemente, despertou muita inveja de algumas correntes cristãs. Ela se tornou alvo duma perseguição e por ter tão pouca experiência acabou por coloca-la em contradição frente aos fatos.

O pior cenário foi se desenhando. Praticamente foi obrigada a assinar um termo negativo sobre as aparições pesando consideravelmente no processo de reconhecimento dos fatos relatados. Não derrotada, ela tentou seguir a vida religiosa ao adentrar no convento ao completar quinze anos. Novamente, as forças das trevas lhe prejudicaram o que resultou em sua expulsão da instituição.

Mesmo assim, a jovem não se deixou abater. Casou-se e mudou para Milão onde cuidava dos pobres, doentes, órfãos e viúvas sendo um verdadeiro exemplo cristão. Em verdade, nenhuma força da terra seria capaz de lhe impedir sua felicidade. Já mais para frente, reafirmou os fatos acontecidos diante das autoridades. O mundo teria que saber da pronta disposição de Maria em ajudar seus filhos e ela era a prova viva disso.

Nossa Senhora de todas as nações
Amsterdam-Holanda (1945-1972)

UM POUCO SOBRE A VIDENTE

Nascida aos 13 de agosto de 1905, em Alkmaar-Holanda, Ida Peerdeman era a mais nova dentre cinco irmãos. Desde o nascimento, infância e juventude que ela demonstrava uma adorável sensibilidade humana com as outras pessoas. Além disso, era educada, responsável, trabalhadora, amável, religiosa e exercitava a prática do bem. Não é a toa que foi escolhida por nossa mãe dos céus para ser sua porta voz entre os homens. Foram diversas aparições aos longos de anos e a fim de não alongarmos muito vamos aos principais pontos deste evento.

SOLICITAÇÕES DA RAINHA DOS CÉUS
- Rezar esta oração: "Senhor Jesus Cristo, Filho do Pai, envia agora o teu Espírito sobre a Terra. Faze habitar o Espírito Santo nos corações de todos os povos, a fim de que sejam preservados da corrupção, da calamidade e da guerra. Que a Senhora de todos os povos, que uma vez era MARIA, seja a nossa advogada. Amém."
- Que ela seja tratada pela humanidade como corredentora, medianeira, advogada, caminho, exemplo e mãe fraternal.
- Seu título em relação a esta aparição seria: "Senhora de todos os povos."
- A cruz deve ser o maior símbolo do Cristianismo em todos os sentidos.
- Praticar e propagar a devoção do Rosário incessantemente.
- Que as pessoas façam penitência ,analisem suas falhas, corrijam-nas com a firme resolução de mudança para melhor.

- Que os eclesiásticos deem um bom exemplo de forma que seus frutos sejam visíveis a todos. Em verdade, o bom fruto vem apenas das árvores boas.
- Não há outra forma de combater o mal senão através do bem.Os cristãos devem se unir ao redor da cruz bendita e de sua mãe compassiva a fim de que possam vencer o mal.
- Os homens devem procurar um relacionamento com Deus completo, transparente e digno. Seguir os mandamentos e leis divinas em especial aquele que resume todos os outros: Amar a Deus sobre todas as coisas, ao próximo como a ti mesmo.
- Mostrar uma efetiva atuação como apóstolo do bem através dos pilares:Justiça,amor,misericórdia,caridade,compreensão,solidariedade,bonança,fidelidade,fé,tolerância e igualdade.

MENSAGENS PRINCIPAIS
- Não queiram me pedir sinais .Isto é uma tentação. Não há prova maior do que minhas próprias palavras.
- È chegada a hora do espírito santo vir sobre toda a humanidade.
- Virão tempos difíceis sobre a face da terra. Tempos de inquietação,turbulência,mentiras,perversidade,subversão,paganismo,descrença,perseguição aos cristãos e pessoas querendo dominar o mundo.
- A corrupção é quem provoca a decadência do mundo.
- Os homens ainda não perceberam quão mal está o mundo.
- Querem aniquilar as religiões duma forma que ninguém perceba.
- A apostasia está se espalhando pelo mundo.

- Há muitos falsos profetas que ao invés de ajudar o cristo estão servindo aos propósitos de satanás.
- Cada vez mais ,Satanás corrompe o mundo com suas seduções.
- As pessoas andam mais preocupadas com coisas materiais do que com sua própria salvação.
- A juventude carece de orientação e estímulo de modo a cultivarem os bons valores e seguir uma vida religiosa idônea.
- Maria foi enviada pelo senhor dos exércitos a fim de socorrer seus filhos. Por isso é chamada de "Senhora de todos os povos".
- Diante de Deus e de Maria, os fiéis se juntam com a certeza do poder de Deus e em consequência da proteção celestial.
- Os cristãos devem se unir em torno da figura de Jesus Cristo, pois é o único que pode salvar.
- Mais do que orientação, os jovens precisam de sua ajuda e compreensão.
- O objetivo das aparições é alertar os pecadores para que se emendem ,consigam o perdão dos pecados e se salvem.
- Somente se entregando ao Messias é possível que alcancemos a paz.
- Creia em Deus e em seu filho e então a paz permanecerá com vocês.
- Fazei penitência pelo mundo .Dessa forma, a salvação chegará.
- As leis divinas e suas atualizações valem em todas as épocas como se fossem novas.
- O pai e o filho enviaram Maria como corredentora,mediadora,advogada e mãe de toda a humanidade.

- Os povos do mundo não encontrarão a paz até que se submetam a cruz.
- O senhor escolhe os mais fracos e puros para as missões maiores.

Medianeira de todas as graças

Marienfried-Alemanha-1946
Local:Perto de Neu-Ulm

PRIMEIRA APARIÇÃO
25 de abril de 1946

Ouve-se um trovão, em seguida Maria aparece feito relâmpago diante da vidente Barbara Reuss.Com um olhar triste e complacente, começou o contato.

—Lá onde reina a maior confiança e onde se ensina aos homens que eu posso fazer tudo, lá espalharei a paz. Depois que todos os homens acreditarem em meu poder, a paz reinará. Eu sou o signo de Deus vivo. Eu imprimo o meu sinal na fronte dos meus filhos. A estrela o perseguirá, mas ele vencerá a estrela.

—Quem é você? —Indagou a jovem.

—Se eu não tivesse este véu, tu me reconhecerias. Sou a medianeira de todas as graças.

—Certo! O que desejas?

—Vim transmitir a paz de cristo.

—Porque então se apresenta triste?

—Meus filhos andam me esquecendo. Por isso estou de luto.

—Quais as consequências disso?

—Não conseguirão chegar diante de Deus.

—O que podemos fazer então?

—Orai por todos os pecadores. Agindo assim, minha graça permanecerá contigo a todo o momento.
—Farei isso! Obrigada!
—Fico feliz! Agora tenho que ir! Ficai com Deus!
—Amém!
A linda senhora mudou a direção do olhar e foi se elevando em seguida. A primeira parte da missão estava por assim dizer completa.

SEGUNDA APARIÇÃO
25 de maio de 1946
No mesmo local de sempre, manifestou-se a providência divina novamente. Os olhares das duas mulheres se cruzaram num momento de cumplicidade total. Havia algo a ser dito entre elas.
—Eu sou a grande Medianeira das Graças. Do mesmo modo que o mundo não pode encontrar a Misericórdia junto ao Pai, a não ser pelo sacrifício do filho, assim vós não podeis ser ouvidos pelo meu Filho, a não ser através de minha intercessão. CRISTO é pouco conhecido, porque Eu não sou conhecida. O Pai derramou o cálice da sua ira sobre os povos, porque estes recusaram o seu Filho. O mundo foi consagrado ao Meu Coração Imaculado, mas esta consagração tornou-se para muitos uma terrível responsabilidade. Eu peço ao mundo para que viva esta consagração. Tende uma confiança ilimitada no Meu Coração Imaculado. Crede-Me. Eu posso tudo junto de Meu Filho. Colocai no lugar do vosso coração manchado pelo pecado, o Meu Coração Imaculado, e então serei. Eu que atrairei a força de Deus, e o amor do Pai reproduzirá novamente em vós a imagem perfeita de CRISTO. Escutai o Meu pedido a fim de que CRISTO possa logo reinar como Rei da Paz. Rezai e sacrificai-vos pelos pecadores. Oferecei, por meu intermédio, a vós mesmos, e toda a vossa ação ao Pai. Colocai-vos total-

mente a Minha disposição. Rezai o Rosário. Não solicitem somente bens materiais. Agora se trata de rezar por algo que vale muito mais. Não espereis milagres. Eu quero agir ocultamente como a grande Medianeira das Graças. É a paz do coração que eu desejo vos conceder, se fizerdes o que vos peço.

Dito isto, a virgem sorriu e desapareceu. Sozinha, a serva reunia os elementos obtidos e os ligava a sua missão pessoal. Ainda havia tempo a agir em prol do mundo.

MENSAGEM DA TERCEIRA APARIÇÃO
25 de junho de 1946
"Oferecei muitos sacrifícios. Fazei da vossa prece um sacrifício. Não sejas egoístas. O que vale é só isto: Oferecer ao Eterno Glória e expiação. Se ficardes completamente à Minha disposição, em tudo, providenciarei eu. Carregarei os Meus filhos amados de cruzes pesadas, porque eu o amo no Meu Filho imolado. Vos peço: estejais prontos a carregar a cruz, a fim de que venha logo a paz".

Nossa Senhora Rainha Das Rosas
Heroldsback-Alemanha-1949

CONTEXTO HISTÓRICO

A segunda guerra mundial havia acabado. O regime ditatorial de Stalin na União Soviética provocava bastante dissídios em toda a Europa. Inevitavelmente as forças políticas se dividiram. Exemplo real disso era a Alemanha Ocidental e Oriental. O capitalismo versus o comunismo.

Com o crescimento do capitalismo e decadência do comunismo, aumentou a migração dentro do próprio país dividido ainda que os perigos fossem enormes. Morreram muitas pessoas na tentativa de liberdade e de fuga dos desmandos comunistas embora não tenhamos dados oficiais.

É neste contexto explosivo mencionado que ocorrem as aparições da mãe santíssima. A intervenção ocorre em Heroldsbach no mês de outubro de 1949 e se estende até outubro de 1952.

Foram relatadas também aparições de Jesus, anjos, mártires e muitos santos. Dum grupo inicial de sete passou-se atingir trezentas pessoas que afirmavam ter visto as aparições. Com isso, o número de peregrinos ao local se multiplicou exponencialmente. Todas as graças sejam dadas a nossa bendita mãe.

APARIÇÕES
PASSEIO NO CAMPO

Quatro garotas amigas encontravam-se passeando na mata. Era um momento de brincadeira, distração e diversão. Consideravam ali um local sagrado. Um encontro com o divino através de sua própria natureza.

Ao se aproximar de algumas Bétulas, notaram algo estranho sobre elas. Havia um objeto brilhante emitindo luz nas quatro direções.Com medo e cheias de curiosidade, chegaram mais perto. Notaram no instrumento três letras escritas: "JSH". Ficaram ainda mais impressionadas. Sem saber, era um sinal da santíssima Trindade. J representa Javé, H o Filho e S o espírito santo.

Ao cair dum relâmpago, a figura duma mulher apareceu junto ás folhas. Era da cor branca, estatura média, Cabelos negros, faces extremamente rosadas e delicadas, trajava um vestido branco, Carregava no braço um rosário negro e com rosas vermelhas espalhadas sobre seus pés. Pela aparência, as crianças reconheceram nela a manifestação da Madonna.

A visão desaparece rapidamente. As meninas resolvem ir embora. Ainda sem acreditar no que tinha acontecido, estavam petrificadas. Ao avançar pelas trilhas, só pensam na mulher e no que a visão representava para uma Alemanha em Crise. Será que Deus tinha lembrado do povo sofrido da Alemanha? O que esperar de mudança de atitude? A volta de Jesus estaria próxima? Eram tantas possibilidades atravessando a mente daquelas pequenas provocando uma confusão tamanha.

Estavam aflitas. Era o sentimento que carregavam. Cada vez mais rápidas, vão concluindo os pontos principais do trajeto entre curvas, pingos de chuva, nuvens carregadas, montes, vegetações, espinhos e o chão batido. Um pouco depois, chegam em suas casas. Já era um pouco tarde e combinam de se encontrar depois na Igreja buscando conversar com o pároco local.

Assim foi feito. Com as obrigações cumpridas, o quarteto chegou na Igreja por volta do anoitecer. Encontraram o sacerdote em oração diante do Santíssimo. Elas foram chegando de mansinho. Com um sorriso, o amigo percebeu a presença delas. Então a conversa começou.

—Minhas princesas! Sejam bem-vindas! O que querem desse pobre velho que vos fala?

—Temos algo a contar, padre. É urgente—Disseram as garotas.

—Podem falar. Estou escutando—Prontificou-se o discípulo de Cristo.

—Vimos uma mulher no campo. Ela parecia a Madonna.

—Como é?

—Isso. Tinha um rosário nas mãos e rosas vermelhas aos pés—Descreveram as crianças.

—Vocês perguntaram o que ela queria?

—Não deu tempo. Simplesmente a visão desapareceu.

—Muito bem. Então questionem isso numa próxima vez.

—Está certo, padre.

—Abençoadas sejam. Vamos esperar os próximos fatos.

—Esperaremos. Roguemos a Deus por uma boa intervenção no país.

—Ele já está agindo. A prova disso é esta visão. Acredito em vocês.

—Obrigada, padre!

—Por nada, minhas filhas! Estou aqui sempre que precisarem.

—Até!

—Vão com Deus!

As videntes saíram da Igreja fazendo a viagem de retorno as suas moradas. Como ainda não tinham dados concretos, guardaram em segredo todos estes acontecimentos.

OS DIAS POSTERIORES

A rotina seguiu dentro da normalidade. As quatro videntes ocupavam-se entre brincadeiras, escola, afazeres domésticos e compromissos sociais. No entanto, não esqueciam dos fenômenos sobrenaturais. Era algo a se refletir e investigar.

Exatos quatro dias depois da primeira visão, sentiram um chamado íntimo. Voltaram, pois, ao mesmo campo. Exatamente como da primeira vez, a santíssima virgem lhes apareceu.

—O que a senhora quer? —Indagaram as videntes.

—As pessoas devem orar fervorosamente—Suplicou Maria.

—Qual o motivo das aparições? —Questionaram as garotas.

—Vim exortar as pessoas á oração e á penitência. Perseverança é a chave da questão—Informou a santa.

—Como Alemanha pode sair da crise?

—Tenham como devoção o rosário. A meu maternal coração não cabe lhes recusar qualquer pedido. Vamos nos unir a favor desta causa.

—Como analisa os sacrilégios cometidos pelo autoritarismo dos regimes políticos em vigor?

—Falta de Deus e de devoção ao meu Imaculado coração. Eis que desço do céu para vos socorrer e vos animar.

—Haverá uma terceira guerra mundial?

—Tudo depende da vossa força de vontade. Ainda há uma chance para a humanidade.

—A senhora subiu com o corpo para o céu?

—Sim. Mas eu permaneço sendo uma pequena serva.

—O que requer de nós como médiuns?

—O exemplo, a divulgação da minha devoção e atos de bondade. Sempre há uma carga maior de responsabilidade. Porém, alegrem-se. Se foram escolhidos, é porque Deus tem uma predileção especial por vocês.

—Amém! Seguiremos suas orientações!

—Assim espero! Vejo vocês logo!

Com um leve sorriso, a mãe de Deus acenou desaparecendo em seguida. Restou aos sensitivos a saudade de sua companhia. Como era bela, dedicada, humilde, prestativa e gentil a nossa santa Mãe. Com certeza valeria a pena dar-lhe um pouco de alegria através de suas próprias ações e orações. Por uma Alemanha e um mundo melhor.

Tranquilas, satisfeitas e felizes iniciaram a viagem de retorno.Com o pensamento mais concentrado, estavam decididas a implementar o projeto de devoção da santa no país. Certamente, os problemas históricos do país seriam prontamente arrefecidos e controlados. Que maior sinal desejavam a não ser a descida do céu da mãe de Deus? Só este fato provocaria a remissão de inúmeros fiéis.

Entre curvas, sol ,esforços, espinhos e saudades permaneciam num ritmo frenético de caminhada. O que as esperava? Provavelmente enfrentariam resistências, dúvidas, medos ,a vergonha, a indecisão, os contratempos, perigos e a própria descrença. Esperavam, pois, o amparo de uma força maior dando continuação a este projeto. Quando os objetivos são dignos, Deus abençoa.

Ao completar cada ponto de intersecção, os seus corações pulavam de alegria. Como era bom ser discípulo de Maria.Com a proteção dela, nada nem ninguém podia lhes fazer mal. Ela é um dos maiores símbolos da vitória do bem contra o mal.

Alguns momentos depois, chegavam em casa. Imediatamente começaram a divulgar o ocorrido. Em consequência deslocaram-se para o local milhares de peregrinos em busca de luz, proteção e aumentar a fé em tempos tão conturbados. As promessas divinas estavam sendo concretizadas pouco a pouco.

O FENÔMENO SOLAR
Festa da Imaculada Conceição
08 de dezembro de 1949

Era a festa da Imaculada Conceição. Muitos fiéis se reuniram na procissão em honra á Santíssima Virgem. Durante a caminhada, em dado instante, os participantes voltaram a atenção para o sol. Ele fez um movimento como se fosse cair na terra. Do lado direito do sol, puderam ver uma mulher com um filho nos braços. A visão proclamou:

—Este milagre é para os que não acreditam passem a crer.

Em seguida, o astro retornou a sua posição original. Com as mãos postas sobre a Terra, Nossa Senhora os abençoou. Trinta minutos depois, o fenômeno se extinguiu.

NATAL
Tradicionalmente, o natal é bastante comemorado na região. Neste dia, haviam quatro mil peregrinos reunidos no local das aparições. Foram horas de intensas orações e cânticos a sagrada família. No momento do terço, viram como um relâm-

pago passar entre eles. A santa e seu filho apareceu diante das videntes.

—Saudações! Do bem para o bem.

—Bem-vinda. O que você quer? —Indagaram as jovens.

—Quero vos fazer um pedido: *"Os homens devem fazer mais penitência e rezar com mais perseverança no tempo de Natal. As pessoas devem ter mais devoção à Sagrada Família e orar todos os dias o Rosário. Além disso, eles devem praticar a contemplação diária ao Coração de Maria e ao coração misericordioso de Cristo."*

—Com certeza é a época certa para uma reconciliação com Deus. Continuaremos promovendo a prática da oração.

—Agradecida! Tenho um presente para vós.

A santa elevou os braços com um aspecto de seriedade. Espargindo luz em todas as direções, sugestionou visões na mente das videntes. Durante quase um dia inteiro entraram em contato com a história de Jesus e sua família. Era mais do que um filme completo. Uma honra para aquelas humildes servas.

Ao final, Maria baixou os braços. Um misto de lágrimas e contentamento preencheu o ambiente. Era a história mais importante e linda do mundo.

—Bendita seja! Uma história de lutas, sofrimento, obediência a Deus e, acima de tudo, de vitórias contra o mal— Disseram as videntes.

—Sim! Nós vencemos! Convidamos todos a uma reflexão pessoal. Que tal mudar de vida e nos aceitar? —Falou Maria.

—Os sofrimentos que padeci na cruz foram por vocês. Não sejam ingratos a ponto de jogar isso fora. No dia da minha ressurreição, o mal foi vencido completamente. Se eu o fiz antes, posso fazer também agora na vida de vocês. Compartilhem suas dores comigo e eu vos aliviarei. Aquele que crer em mim ainda que morra, Viverá! —Proclamou Jesus.

—Amém! Aceitamos os dois. De nossa parte, continuaremos na missão. Vê todos aqui? Todos esperam sua graça. Não desprezai nossas súplicas—Prometeram as jovens.

—Meu coração misericordioso estará sempre atento. Deixo-vos a devoção a minha mãe como herança. Peçam a ela e eu vos escutarei. —Afirmou Jesus.

—Eu sou como vossa mãe. Cumpram suas obrigações cristãs priorizando a oração. O rosário é a chave de entrada do meu coração—Disse a Imaculada.

—O que podemos conseguir através desta devoção? —Indagaram as empregadas.

—Qualquer coisa. Eis meu filho que não me deixa mentir—Prometeu Maria.

—Eu sou o Deus do impossível. O que é inalcançável ás forças humanas eu posso obter. Não precisa de mais provas—Explicou o Messias.

—Sim. Cremos sinceramente—Disseram as jovens.

—Bem-aventurados os que crerem e os que procuram a fé. Guardem o meu dia com carinho. O presente é de vocês—Pediu Jesus.

—Que presente poderíamos te dar? —Questionaram os médiuns.

—Aquilo que minha mãe aprovar. O que vos diz, mamãe? —Perguntou o Cristo.

—Esforcem-se nas orações e nos atos de bondade. Peçam especialmente pelos pobres pecadores. Eu não quero mais guerras. Oremos juntos—Pediu Maria.

—Juntos sempre! —Comprometeram-se as servas.

—Bem, era isso! —Resumiu Maria.

—Tem minha bênção! —Afirmou Jesus.

—Vão em paz! —Desejaram os discípulos.

Elevando-se aos vossos olhos, a dupla encaminhou-se rumo ao céu entre as nuvens. Tinha sido mais uma experiência incrível. Ao contar os fatos para a multidão, muita gente se emocionou. Como era bom saber que eram importantes. Fazem uma reflexão pessoal sobre erros e acertos buscando a correção. Não havia dúvida, neste momento, de que ficar com a sagrada família era a melhor opção de salvação.

Ao término das festividades, retornaram as suas casas proclamando as glórias de Maria e de Jesus. O nome deles cada vez maiores sobre toda a terra.

VISÕES

Primavera de 1950

Várias visões da virgem santíssima se sucederam em sequência. De moda a dar credibilidade a estas aparições, a mãe de Deus permitia ser tocada pelos servos. Além disto, puderam carregar o filho dela nos braços.

Em fevereiro, tiveram aquilo que foi considerada a melhor experiência da vida. Puderam ver claramente no céu a santíssima Trindade: *"Estávamos na sala principal do palácio real. Dispostos em círculo, dois homens e uma mulher assentados sobre tronos. Havia um homem mais velho, um jovem e uma mulher madura. A luz irradiava deles em todas as direções, preenchia a sala e nos inebriava. Era uma luz azul, rosa e branca em união. Diante deles, não havia poder ou pensamento. Simplesmente existiam por si só. Num plano secundário, anjos e homens em reverência os adorando.* "

Já em maio tiveram uma visão perturbadora em contraste com a anterior: *"O mundo estava em pedaços. A bomba atômica tivera consequências desastrosas para o equilíbrio do planeta. Cidades, povoados e sítios haviam sido inundadas pelas águas. Além disso, a comida fortemente envenenada matara milhões. Os que restavam clamavam por misericórdia divina. Quem poderia ser por eles?* "

DIÁLOGO COM A SANTA

O grupo de clarividentes se encontrava em oração num terraço da casa dum deles. No momento em que rezavam o rosário invocaram a proteção da santíssima Virgem. Seguiu-se um relâmpago misterioso entre eles. Duma nuvem luminosa, desceu a mãe de Deus. O vestido era todo branco, o manto era azul e a coroa era dourada. No braço direito, carregava um rosário em oração.

—Bem-vinda, senhora. Poderia nos dar o significado das nossas últimas visões?

—Grandes catástrofes poderão sobrevir no mundo. Os fiéis devem se reunir em oração suplicando ao sagrado coração de Jesus por misericórdia. Vamos começar logo. Já não há muito tempo, meus pequeninos!

—Já estamos fazendo isso. Vamos ampliar a divulgação.

—Grata!

—Ensina-nos a orar.

—Vocês devem rezar assim: Ó Maria, proteja-nos debaixo de seu manto azul. Abrigo seguro das ruínas.

—Como devemos chama-la?

—Fico feliz em ser nomeada "Rainha das Rosas". Isso significa ser cheia de toda graça.

—Bendita seja a Rainha das Rosas.

—Amém!

— O que mais quer de nós?

—Quero que sejam sempre bons. Continuem rezando o rosário. Ele é o segredo para a felicidade. Peçam por si e pelos outros. Especialmente pelos pobres pecadores. Não vou lhes desamparar nunca.

—Vos agradeço a atenção. Continuaremos juntos em oração pelo mundo.

—Fico muito feliz com isso. Fiquem em paz!

Com um leve sorriso, a mediadora divina foi se elevando aos olhos dos servos. Enquanto se afastava, os abençoava. Após um tempo, desapareceu completamente. Restava agora saudades e uma missão pela frente. Não havia tempo para descansar.

REUNIÃO DOS SANTOS

13 de março de 1951

Os videntes haviam se reunido no local de sempre em oração. A força de seus pedidos é tamanha que o bem sentiu-se na obrigação de aparecer. A terra parece tremer enquanto Maria, Jesus e os santos pousam diante dos servos.

—Bem-vindos!

—Estamos aqui pois o tempo urge. Não vamos permitir que o mal tome conta da terra nem de vocês—Afirmou Jesus.

—Aproximem-se—Solicitou São Pedro.

O grupo de médiuns obedeceu. Ficaram em frente a legião de santos. Tocando em suas mãos, os abençoados repassaram a essência do espírito santo. O objetivo era preservar a alma deles.

—Está feito! Agora nenhum mal lhes pode acontecer—Garantiu Maria.

—Amém—Exclamaram os empregados.

—Mantenham-se nos olhos da virgem, do menino Jesus e dos santos. Nunca cedam aos seus sentidos pois no julgamento tudo será revelado. O Céu encontra-se aberto neste lugar. Porém, não vai ser por muito tempo—Revelou Pedro.

—Vamos aproveitar ao máximo esse período—Prometeram os servos.

—Ainda bem! —Exclamou Pedro

—Vamos, mãe? Negócios nos esperam—Observou Jesus.

—Sim, tem razão. Fiquem em paz, meus filhos—Desejou a cheia de graça.

—Vão com Deus! —Retribuíram os discípulos.

Houve um som dum rimbombo no céu. Em sequência, o grupo do bem elevou-se aos seus olhos. Permaneceram com eles a saudade, as obrigações da missão e as esperanças dum reencontro. Ainda havia algo a mais a ser repassado.

OUTRAS MANIFESTAÇÕES

As aparições continuaram a acontecer. Fruto destas experiências, as crianças entraram em contato com as histórias de cristãos antigos. Ao contar suas experiências, surpreenderam as autoridades católicas da época. Não havia dúvidas de que a mão de Deus agia em favor delas.

Maria e Jesus apareceram de outras formas. A maior promessa que ela fez foi: "Quem recorresse a seu sagrado coração ficaria para sempre amparado por seu manto virginal."

ÚLTIMA APARIÇÃO

31 de outubro de 1952

Eram três horas da tarde no local de sempre. O calor era intenso suavizado com leves rajadas de brisa vez e quando. Reuniram-se ali imensa multidão com intuito de prestar honra á Nossa Senhora. Em meio a oração do rosário, uma nuvem azul desceu do céu vindo pousar na extremidade da colina. De dentro saíram Maria, Jesus, anjos e santos.

—O que quer de nós, nossa mãe?

— Não vim para fazer milagres, mas a insistir para vocês à oração e à expiação. Continuem a orar nesta colina, mesmo quando nós não apareçamos mais—Explicou Maria.

—Fica conosco!

—Sempre os acompanharei mesmo que de forma invisível. Entretanto, este é o último dia—Notificou a santa.

—Compreendemos! Esperamos que nossos cânticos lhe agradem.

—Estamos felizes com isso! —Afirmou a mediadora.

—Estamos muito felizes em ver tantos peregrinos cantando com todo o meu coração. Tenha confiança em nossa ajuda. Continuem a rezar. Mesmo que não nos vejamos mais, vamos ver do céu—Lembrou Santa Tereza.

—Que bom saber disso! —Exclamaram os expectadores.

— Esta é a última chamada para os homens. Orem com os sacerdotes, todos se ajoelhem para a salvação da humanidade. Cada filho pode elevar suas mãos a mim e meu Filho amado, quando quiserem—Disponibilizou-se a mãe da humanidade.

—Continuaremos na oração pelo mundo. Temos certeza da tua proteção e intercessão. Muito obrigado por tudo!

—Fico feliz com vossa disposição. Não vos abandonarei, meus filhos. Tenham sempre em mim como porta de entrada do céu e dos milagres. Eu tudo posso diante do meu amado filho. Vamos nos unir pela corrente da paz no mundo. Eu sou "A rainha das Rosas". Peçam em meu nome.

—Vamos pedir! Além disso, continuaremos propagando essa devoção por toda Alemanha.

—Então vos prometo o alcance da paz para a Alemanha e para o mundo.

Um leve sorriso preencheu a face da digníssima Senhora. A missão por hora estava cumprida. Ciente disso, ela e as outras entidades do bem voltaram à nuvem. Aos poucos, o objeto celestial foi se afastando até desaparecer na imensidão do cosmo. Ao término dos trabalhos de devoção, os participantes da celebração começaram a jornada de retorno para suas casas com a certeza da proteção divina. Tudo estava esclarecido e acabara bem.

Nossa Senhora Rainha de Turzovca
ESLOVÁQUIA-1958

Matus era um guarda florestal. Criado sem mãe, aprendeu sozinho os fundamentos do cristianismo e decidiu segui-lo. Ele era um homem simples, temente e com muita fé em Deus e em Nossa Senhora.

Em 01 de junho de 1958 estava fazendo a ronda rotineira em Okruhla,uma serra próxima de Turzovka.Além do trabalho em si, adorava passear, escutar o canto dos pássaros, sentir o calor do sol e a brisa fria batendo no seu rosto. Junto à natureza, se sentia mais próximo do divino. Assim que chegou no lado da montanha nomeado Zivcak (O retrato), ele aproveitou a chance para orar diante da imagem de Nossa Senhora do Perpétuo Socorro debaixo dum pinheiro.

Iniciou as orações do pai-nosso e a ave-maria .Porém, antes de terminar, foi surpreendido por uma manifestação divina. Como se fosse um flash de luz, a imagem duma mulher apareceu flutuando diante dele. A bela figura tinhas as mãos dobradas e usava uma coroa brilhosa. Seu cabelo era comprido, usava uma cinta azul e ao lado dos pés havia rosas perfumadas. No seu braço direito, carregava um rosário.

A senhora caminhou um pouco e Matus a seguiu. Num campo de rosas brancas, a cerca se encontrava danificada. A mulher apontou em direção a um martelo e pregos. O vidente então entendeu que devia consertá-la. Horas a fio, ele trabalhou neste serviço. Ao concluí-lo, a dama mostrou um dos seus mais belos sorrisos. Estendendo o braço, o servo tocou no rosário e instantaneamente sentiu vontade de praticar aquela devoção mesmo sem ainda conhecê-la.

A senhora mudou a direção do seu olhar para a árvore em que se abrigava sua imagem. Nela, o médium pode ver uma tela mostrando os territórios do mundo. Com os países representados por várias cores, o verde significava "Agradável a Deus" e o amarelo representava as nações desertoras. Num instante, o mundo parecia estar queimando. Foi quando a seguinte mensagem apareceu: "Arrependei-vos! Ore por sacerdotes e religiosos! Rezem o Rosário!".

Matus ficou assustado e então olhou para sua senhora. Por sua vez, ela lhe pediu para ele observar um pouco acima dela. Foi quando um estrondo aconteceu e o céu clareou como relâmpago surgindo dos céus a figura do próprio cristo. Ele veio com majestade e autoridade. Usava uma túnica branca e uma capa vermelha. Do lado esquerdo, carregava uma cruz e se podia ver claramente o seu coração sagrado ao centro do peito castigado pelos pecados humanos. Do seu interior, saíam três raios ressuscitadores. Atordoado com tantas emoções, o guarda desmaiou.

Minutos depois, acordava devido ao forte som de sinos proveniente da Igreja mais próxima pois era a hora do Angelus.Ele sentou-se pensando em todos os fatos por alguns instantes. Instintivamente, pegou o rosário deixado pela dama e pôs-se a rezar inspirado por uma força maior. Ao terminar este exercício, tudo pareceu mais claro conforme seu próprio depoimento transcrito abaixo: *"Depois da aparição, senti uma grande infusão de fé. Primeiro de tudo, eu tive que fazer as pazes com as pessoas que eu tinha entrado em conflito comigo. Eu gostaria de ter evitado isso, mas senti que tinha que fazer isso. Depois de voltar da montanha nessa mesma noite fui para implorar o perdão de todas as pessoas em Turzovka e da área circundante. Eu fiz isso como se contra a minha própria vontade. E me levou até tarde da noite. As pessoas ficaram surpresos, alguns riram de mim, outros achavam que eu tinha enlouquecido. No dia seguinte, pela manhã, fiz confissão e fui para a comunhão. Daquele momento em diante, eu fui curado de todas as minhas doenças. Em primeiro lugar, da tosse pesada que tinha e que me incomodou por muitos anos e que os médicos diziam ser incurável ".*

Depois deste dia, houve ainda mais seis aparições de Nossa Senhora ao vidente. Cada visão trouxe uma mensagem importante para a humanidade. Com a divulgação dos fatos, muitos invejaram sua condição e orquestraram contra ele uma traição. Ele acabou sendo preso pelos comunistas e tido como louco. No hospital psiquiátrico, sofreu electrocussão, hipnotismo, cura química e interrogatórios constantes. No entanto, sua fé em Deus e Nossa Senhora permaneceu intacta.

A FONTE MILAGROSA DE OKRUHLA

Um homem chamado Jaroslav Zaalenka teve um sonho com uma mulher bonita lhe pedindo para ir até a montanha de Okruha e Cavar. Após três dias, ele foi cumprir este pedido. Subindo as trilhas íngremes do local, ele se perguntava se estava em juízo perfeito por seguir a recomendação dum sonho. Era uma subida penosa, cansativa e teria que valer a pena.

Ao atingir o topo, ele escolheu um local rochoso para cavar. Logo no começo, apareceu a bela senhora que lhe indicou o local correto desaparecendo logo em seguida. Seu trabalho foi recompensando com a descoberta duma fonte de água límpida. A notícia se espalhou e as pessoas que tomavam da água ficaram instantaneamente curadas de seus males. Foram relatadas curas de câncer de pulmão, cegueira, paralisia entre outros. Concretizou-se, pois, a seguinte profecia: *"Em poucos anos, você terá outra Lourdes, na Eslováquia, onde você vai em peregrinação".*

Virgem de Cuapa
CUAPA-NICARÁGUA-1980

Bernardo Martinez era o encarregado da capela de Cuapa. A partir de março de 1980, cousas estranhas começaram a acontecer ao seu redor. Vamos aos fatos: Por diversas vezes, este servo de Deus encontrou luzes acesas na capela e outra vez viu a imagem da santa iluminada. Ao investigar os casos, não encontrou explicações plausíveis para os mesmos. Foi aí que ficou mais confuso ainda com várias suposições passando por sua mente.

Certo dia, contou sobre o ocorrido a algumas pessoas pedindo-lhe discrição. Isso foi em vão pois logo muitas pessoas sabiam do fato. A notícia chegou aos ouvidos do pároco da cidade que se interessou pela história e foi ter com ele a fim de solucionar algumas dúvidas.

—É verdade o que falaram sobre as manifestações aqui na Igreja?

—Sim. É tudo verdade, padre.

—Conte-me tudo.

—Por diversas vezes encontrei luzes acesas na Igreja sem nenhuma explicação. Em outra oportunidade, vi a imagem da santa iluminada.

—Certo. O que você reza?

—O rosário e três ave-marias. Desde criança, minha avó me ensinou ser devoto de Nossa Senhora.

—Pode perguntar a virgem o que ela quer de nós? E se possível se manifestar claramente?

—Posso tentar.

—Obrigado. Minhas orações estarão com você, filho.

—Agradeço.

—Agora tenho que ir. Qualquer novidade, avise.

—Sim.

O padre retornou à cidade para cumprir suas obrigações enquanto o vidente ficou pensando em seu pedido. Como faria agora? A última coisa que queria era complicações. Por isso, assim que pode rezou assim:

"Mãe Santíssima, por favor não peça nada de mim. Eu tenho muitos problemas na igreja. Faça seus pedidos a outra pessoa, porque eu quero evitar mais problemas. Eu tenho muitos, no momento. Não quero mais outros".

Passou-se um pouco de tempo e a história sobre a imagem ficou esquecida. Quanto a Bernardo, continuava em suas orações diárias. Interiormente, a virgem santa lhe preparava para sua missão de ser porta-voz de suas mensagens.

A PRIMEIRA APARIÇÃO

Era início de maio. Nessa época, Bernardo enfrentava uma crise interna devido à falta de dinheiro, problemas profissionais, religiosos e espirituais. Tudo isso ocasionava uma forte depressão e em consequência faltava motivação para realizar as atividades corriqueiras do dia a dia. Vivia "Uma Noite escura perversa" sem perspectiva de soluções imediatas.

Pensando nisso, seu espírito solicitava um grito de liberdade. A única saída que lhe veio à mente foi passear e pescar no rio pois isso sempre foi uma atividade prazerosa e relaxante para ele. Assim o fez. Levantou cedinho carregando um saco e um facão. No caminho, seu pensamento estava ligado complemente com a natureza e com as sensações provocadas. Tudo era bem revigorante e prometedor: O sol quente, a brisa fina, as pedras do caminho parecendo falar com ele, os espinhos, os garranchos, as árvores, a montanha e suas adversidades. Estar a caminho dali era semelhante com a tarefa dum jovem sonhador Brasileiro o qual nunca desistia dos seus sonhos. Ainda que não tivesse consciência disso, a situação era praticamente a mesma.

Ao chegar no rio, se entregou a distração. Tomou banho, pescou e descansou naquelas águas límpidas dadas por Deus entendendo um pouco do mistério divino. Como era bom viver aquele momento desopilante. Nenhum problema lhe afligia naquele instante isto sendo creditado a um milagre da Rainha dos céus.

Chegou à tarde e o êxtase era tão grande que o homem não sentiu fome ou quaisquer necessidades. Pouco depois, começou a chover tendo ele que se abrigar debaixo duma árvore. Ocioso, começou a rezar o rosário. Quando o tempo melhorou, foi a uma mangueira comer frutas, cortou um galho no mato e foi até outras árvores pegar frutos. Quando percebeu, já eram três horas da tarde. Nesse instante, uma angústia lhe percorreu o coração por saber de suas obrigações na cidade. Que pena! Estava tão feliz ali junto a natureza parecendo que o resto não importava em absoluto.

Caminhando em direção a outro ponto viu um relâmpago. Será que ia chover? O tempo não dava sinais disso e isso o impressionou ainda mais. Mais à frente, o fenômeno se repetiu. Na tela de sua mente, aparece a figura duma mulher bela e majestosa. Vejamos a descrição exata do vidente sobre o ocorrido:

"Havia uma pequena árvore de Norisco sobre as rochas e sobre aquela árvore estava a nuvem, era extremamente branca. Soltava raios em todas as direções, raios de luz como o sol. Na nuvem estavam os pés de uma linda senhora. Seus pés estavam descalços. O vestido era longo e branco. Ela tinha um cordão celestial em torno do peito. Mangas longas. Cobrindo-a estava um véu de uma cor creme pálido com bordados dourados nas bordas. Suas mãos estavam postas juntas sobre o peito. Parecia como a imagem da Virgem de Fátima. Estava imóvel."

Diante do inusitado, o homem se sentia surpreendido. Milhares de pensamentos desconexos passavam na sua cabeça apontando os possíveis motivos daquilo. Pensando ser um sonho, ele tapa o rosto com as mãos. Mas ao retirá-las, a estranha figura permanecia no mesmo local a fita-lo. Então se convenceu da veracidade dos fatos. Em seguida, a mulher estendeu os braços em sua direção e dela emanaram raios de luz fortíssimos. A sensação provocada por essa ação deixava o vidente perplexo. Se sentia com uma paz indescritível, confiante e cheio de felicidade nunca dantes experimentada. Necessitava, pois, investigar os fatos mesmo diante do medo congelante agora provocado.

—Qual o seu nome?
—Maria.
—De onde você vem?
—Eu vim do céu. Sou a mãe de Jesus.
—O que a senhora quer?
—Eu quero que o Rosário seja rezado todos os dias.
— Sim, nós estamos rezando. O padre trouxe para nós as intenções da paróquia de San Francisco para que nós possamos unir a eles.
—Eu quero que seja rezado permanentemente, na família incluindo as crianças que tiverem idade o suficiente para compreenderem, para ser rezado numa hora em que não houver problemas com o trabalho da casa.
—Como quer que o rezemos?
— O senhor não gosta de orações feitas correndo ou mecanicamente. Rezem o Rosário com a leitura de citações bíblicas e ponham em prática a palavra de Deus.
—Como? Onde estão as citações bíblicas?
—Procure no livro sagrado com sabedoria. Você vai acha-las.
—Qual é o maior mandamento?
—Amem-se uns aos outros. Cumpram com suas obrigações.
—Certo! Minha querida rainha, como podemos alcançar a paz?

— Façam a paz. Não peçam a paz a Nosso Senhor porque se vocês não a fazem não haverá paz.

—Entendi! Como obter vosso auxílio e graça?

— Renovem os cinco primeiros sábados. Vocês receberam muitas graças quando todos faziam isso.

— Antes da guerra costumávamos fazer isso. Íamos à confissão e comunhão todo primeiro sábado do mês, mas como o Senhor já havia nos libertado do derramamento de sangue em Cuapa, não continuamos com essa prática.

— A Nicarágua sofreu muito desde o terremoto. Ela está ameaçada com ainda mais sofrimento. Ela continuará a sofrer se vocês não mudarem.

Maria fez uma pausa. O seu olhar sério mudou para um semblante de tristeza rapidamente. Então ela continuou:

— Rezem, rezem meu filho, o Rosário, pelo mundo todo. Diga aos crentes e não crentes que o mundo está ameaçado por graves perigos. Pedi ao Senhor que abrande Sua justiça, mas, se vocês não mudarem, apressarão a chegada da Terceira Guerra Mundial.

— Senhora, eu não quero problemas; tenho muitos na igreja. Diga isto para outra pessoa.

— Não, porque Nosso Senhor o escolheu para dar a mensagem.

A virgem fez sinal que ia partir. Foi quando o servo lembrou de algo importante.

— Senhora, não vá porque quero ir contar à Sra. Consuelo porque ela me disse que queria vê-La.

— Não. Nem todos podem me ver. Ela me verá quando a levar ao céu, mas ela deve rezar o Rosário como pedi. Fique em paz! Até a próxima!

—Até!

A nuvem levantou voo e com ela levou a figura da santa. A sós, o devoto mariano partiu dali iniciando o caminho de volta para a cidade. Seria uma ótima chance para que refletisse sobre os conselhos da iluminada. Entretanto, interiormente, já havia tomado uma decisão séria: Não contar a ninguém o que viu e ouviu ali. Isso demonstrava um pouco de egoísmo da parte dele, mas também fazia parte dum mecanismo de proteção interno. O que diriam os outros? Como dar crédito a um simples encarregado? Era temerário para sua segurança revelar este segredo agora.

Chegando à cidade, rezou o Rosário na capela e voltou para casa no completo silêncio. Entretanto, a cada momento que passava sua consciência pesava e uma onda de tristeza percorreu seu Coração. Recolhido no seu quarto em oração, recebeu a mensagem divina de que deveria contar. Insistente, voltou a rezar o Rosário pedindo a iluminação do pai criador sobre os fatos. Nesse momento, o medo de ser perseguido era maior do que a própria mensagem Mariana.

Passou-se um tempo e ele seguiu com sua rotina. Apesar de tentar se distrair, nada lhe provocava graça pois sempre estava aquela voz interior insistindo para que contasse sobre a aparição. Era quase como uma perseguição no bom sentido. Conquanto, sua teimosia permanecia com ele tentando aparentar ser forte quando na verdade se encontrava à beira dum ataque nervoso. Quantas vezes não agimos como ele diante dos outros ou de si mesmo? O medo e a incompreensão realmente trancam a alma na pior das cadeias. Faltava a ele um pouco de maturidade ou um sinal do destino que lhe obrigasse.

Certo dia, passeava no campo em busca de um bezerro do seu rebanho. Por mais que andasse, não achava o animal. Já estava desesperado quando o mesmo fenômeno anterior aconteceu diante dele. A Rainha dos céus novamente se achava presente apresentando um semblante mais sério do que da outra vez.

— Por que você não disse o que lhe enviei a dizer?

— Senhora, é que estou com medo. Estou com medo de ser o ridículo das pessoas, medo de que riam de mim, de que não acreditem em mim. Aqueles que não acreditarem nisto, vão rir de mim. Dirão que estou louco.

— Não tenha medo. Vou ajudá-lo, e diga ao padre.

—Está bem!

A aparição sumiu na frente dele feito fumaça. Andando mais à frente, o pastor viu o bezerro e o levou ao rio onde lhe deu água. Depois disso, voltou para casa. Ele se preparou e foi para casa de amigas. Lá, contou todos os fatos. Como resposta, foi repreendido. No entanto, o peso da consciência se dissipou. Graças a Maria, se sentia liberto mais uma vez.

Nos dias seguintes, começou a contar aos conhecidos. Como era esperado, alguns não acreditaram pensando que ele estava louco. Mas só o fato de contar lhe fazia muito bem. Foi aí que ele descobriu a importância e o cerne de sua missão: Ser instrumento para a palavra divina. Quanto aos desafios, era necessário entregar todos os problemas de descrença aos pés de Nossa Senhora onde seu poder solucionaria as confusões. Não havia porque duvidar da santa Mãe de Deus diante de evidências tão claras.

Dias depois, chegou o momento de se reunir com o vigário da paróquia. Na Igreja, ele depôs sobre tudo o que viu e ouviu em relação ás aparições. Ao final do relato, o homem de Deus ficou reflexivo e continuou:

—Seria alguém que quer assustar você naqueles morros?

—Creio que não. Até que havia uma possibilidade de fazer isso no rio e nos montes, mas no meio do pasto não é possível por ali ser um campo aberto.

— Poderia ser uma tentação que lhe persegue?

—Não sei porque podia somente falar sobre o que vi e ouvi.

—Vá ao lugar das aparições e reze o Rosário lá. Ao visualizar a aparição, faça o sinal da cruz. Em verdade, sendo coisa boa ou má, nada vai lhe atingir.

—Está bem! Muito obrigado por me escutar!

—Estou à disposição! Vá com Deus!

—Amém!

O pastor se afastou do local iniciando o retorno para casa mais feliz. Finalmente, os antigos bloqueios haviam sido superados com louvor graças aos milagres provocados pela santa. Com fé nela, seguiria seu caminho adiante com a certeza de que daria tudo certo. Graças e louvores a rainha dos céus!

A SEGUNDA APARIÇÃO

Seguindo as recomendações do padre, o vidente e algumas pessoas voltaram ao local das aparições. Chegando lá, rezaram o Rosário.Entretanto,apesar de toda a expectativa, nenhum fenômeno ocorreu. A única saída para o grupo foi voltar para casa totalmente decepcionados. O que havia acontecido? pela primeira vez, o devoto mariano viu suas forças fraquejarem em público.

A resposta ás suas inquietações vieram através dum sonho noturno. A bela dama se apresentou logo após o relâmpago e era fisionomicamente igual como da primeira aparição.

— O que a Senhora quer, minha Mãe?

— Eu quero que o Rosário seja rezado todos os dias.

—Tenho alguns pedidos a lhe fazer...............

— Alguns serão atendidos, outros não. Olhe para o céu!

Olhando na direção indicada, o vidente pode ver um grupo de pessoas vestidas de branco indo de encontro ao sol. Resplandecentes e iluminadas, cantavam glórias ao senhor. Era uma festa muito bonita. Mesmo de longe, o expectador podia sentir toda a felicidade dos mesmos. Nossa Senhora então explicou:

"Veja, estas são as primeiras comunidades quando começou o Cristianismo. São os primeiros catecúmenos; muitos deles foram mártires. Vocês querem ser mártires? Você mesmo deseja ser um mártir?"

Mesmo sem ter dimensão do que aquela proposta representava, o servo de Deus respondeu que sim. Devido a sua aceitação, uma nova imagem se apresentou: Um outro grupo numeroso também vestido com a cor branca. Eles carregavam Rosários luminosos entre as mãos e um deles um livro. Enquanto um lia mensagens, os outros refletiam por alguns instantes. Depois, rezavam o pai-nosso e dez ave-marias. Todos os presentes rezaram juntos o que dava aquela oração um poder fantástico. Ao término desta atividade, a conversação continuou.

—Estes foram os primeiros para quem dei o Rosário. Essa é a forma em que desejo que todos vocês rezem o Rosário.

—Sim. Rezaremos assim.

Uma outra visão se sucedeu. Semelhantes aos Franciscanos, carregavam cada um seu Rosário em oração. Ao término da passagem deles, a virgem comentou:

"Estes receberam o Rosário das mãos dos primeiros."

As visões se seguiram na tela da mente do servo. O que se apresentava agora era uma enorme procissão de todas as raças, cores e etnias. O Rosário era peça comum a ser carregado por eles mostrando a força de Nossa Senhora. Cada um deles refletia a luz divina.

— Senhora, vou com estes porque estão vestidos como eu.

— Não. Você ainda está em falta. Você deve dizer às pessoas o que tem visto e ouvido.

—Está bem!

— Eu lhe mostrei a Glória de Nosso Senhor e vocês a terão se forem obedientes a Nosso Senhor, à Palavra do Senhor;

se perseverarem na oração do Santo Rosário e colocarem em prática a Palavra do Senhor.

A visão desapareceu e então o encarregado acordou. No outro dia, ele se encontrou novamente com o padre contando-lhe tudo. Por orientação do mesmo, manteve segredo em relação a estes fatos. Alguns dias depois, a permissão lhe foi dada e então algumas pessoas da vila souberam do ocorrido. A entrada foi bem receptiva. Mais um milagre atribuído à Virgem Santa.

A TERCEIRA APARIÇÃO

O vidente e cerca de quarentas pessoas retornaram ao local das aparições. Foi um momento bem singular e especial onde cantaram ,glorificaram e oraram a Deus. Conquanto, a estranha senhora deixou-lhes em silêncio frustrando novamente as expectativas de todos. Restou-lhe como alternativa aos romeiros voltar para casa.

Na quietude do seu lar, o pastor recolheu-se em seu quarto logo adormecendo por conta do cansaço. Nas suas passagens noturnas,veio mensagens em forma de sonho: Ele estava no mesmo local das aparições orando pelo mundo. Seguindo as recomendações da mestra, dedicava-se intensamente ao Rosário em favor dos religiosos cristãos. Durante o ato, lembrou da irmã dum prisioneiro que havia pedido sua intercessão. Decidiu, pois, também rezar por ele.

O servo ajoelhou-se como reverência e ergueu as mãos suplicando pelo rapaz. Em dado instante, ao mudar a direção do olhar viu um anjo próximo das rochas. Ele era jovem, alto, magro e vestia uma roupa toda branca.

— Sua oração foi ouvida—Disse o anjo.

O coração do profeta pulou de alegria. Como assim fora ouvido? Era sabido do poder de suas intercessões, mas aquele caso se mostrava verdadeiramente difícil. Por isso a surpresa.

—Vá e diga à irmã do prisioneiro para ir e consolá-lo no domingo, porque ele está muito triste; para aconselhá-lo a não assinar um documento; que irão pressioná-lo a assinar um papel no qual ele assume responsabilidade por uma soma de dinheiro; ele é inocente. Diga que ela não deve se preocupar, que será capaz de falar com ele sozinha por um longo tempo; que ela será tratada de maneira amigável. Diga para ir segunda-feira no quartel-general da polícia de Juigalpa para completar todos os passos para sua libertação porque ele será solto naquele dia. Diga para pegar 1.000 córdobas porque estabelecerão uma fiança—Continuou o anjo.

—Tenho dois pedidos duma prima a fazer para a virgem santíssima. Os pedidos são relacionados a problemas por causa de vício da bebida do pai e do irmão e problemas no trabalho.

—As pessoas ao redor deles devem ser pacientes com eles, e não devem reclamar quando estiverem inebriados.

—Está bem! Eu repassarei esta mensagem.

— Vá e diga a eles para parar com o vício, para fazê-lo pouco a pouco e que desse modo o desejo os deixará.

—Entendido. Realmente esta é uma boa estratégia.

—Avise seu primo de que ele será assaltado e ficará baleado no pé precisamente no calcanhar esquerdo. Tempos depois, irão mata-lo.

—Essa sentença sobre meu primo não pode ser revogada pela oração de vários Rosários?

— Não. Será assim que ele morrerá, mas se ele ouvir seu conselho sua vida pode ser prolongada.

—E com relação aos problemas no trabalho da minha prima?

— Ela não deve ter medo. Deve ficar firme como está. Não deve deixar seu emprego porque como professora que tem fé em Nosso Senhor ela pode fazer muito bem às pessoas.

—Certo! Como devo me comportar diante destes eventos?

—Não vire as costas aos problemas e não amaldiçoe ninguém.

Dito isto, o anjo desapareceu. No mesmo instante, o vidente acordou. Já era manhã e as ondas de calor do sol atravessavam as frestas da casa chegando até ele. Isso o fazia sentir totalmente renovado e pronto para as surpresas do novo dia.

Com um sorriso aberto, levanta deslocando-se do quarto até o banheiro. Lá, na sua intimidade, conversa consigo mesmo iniciando a limpeza do corpo e da alma. Para alguns, despir-se e lavar-se era apenas uma convecção social. Já para ele tratava-se dum ritual de comunhão com Deus e com sua natureza. Naquele exato momento, não havia porque mentir ou enganar-se com relação a sua missão sendo ela tão importante. Era a vez de refletir, analisar as falhas e traçar o futuro com a certeza de que Deus se encontrava no comando de tudo. Neste, podia confiar cegamente devido nunca o ter deixado sozinho quando mais precisava. Era, pois, grato por isso e em retribuição se esforçava por ser um bom cristão.

Os resultados do que exemplificamos acima mostrava-se em suas ações o que provocava a admiração dos outros. Por ser um modelo, não podia decepcionar seu próprio sangue. Decide confiar a prima o segredo repassado pelo anjo embora corresse o risco de ser considerado um louco. Entretanto, sua única saída era arriscar.

Convicto disso, ele conduz a sessão de limpeza com relativa tranquilidade. O exercício recupera seu otimismo, saúde mental e disposição. Ao término de etapa, estava pronto para encarar os desafios constantes que a vida lhe impusera. Não havia dúvidas de que era capaz de superá-los.

Saindo do banho, volta ao quarto onde enxuga-se, veste uma roupa limpa, penteia os cabelos, usa o perfume favorito e analisa seu perfil no espelho. Teria que estar impecável visando os eventos sucessivos. Os mesmos prometiam ser bastante esclarecedores.

Quando ficou pronto, vai até a cozinha onde prepara e come um lanche rápido. Satisfeito, sai de casa e vai ao encontro de duas pessoas: A irmão do preso e Dona Socorro. Confia a elas seu segredo. Mesmo relutantes, prometem seguir as instruções dada pelo anjo através do sonho.

No domingo, foram visitar o recluso. Sua prima pode ficar a sós com o preso por muito tempo aproveitando para lhe pedir que não assinasse nenhum documento. Ao retornar a Cuapa, solicitou um empréstimo.

Na segunda, conforme anunciado pelo anjo, ele foi solto mediante o pagamento da fiança. Em agradecimento ao aviso, rezaram o Rosário. Esta notícia se espalhou pela região dando uma maior credibilidade a esta série de aparições. Foi como uma recompensa pelo esforço deles.

Dando prosseguimento aos pedidos recebidos na visão, o vidente conversou com seu tio e primo. O primeiro acreditou na mensagem prometendo deixar o vício da bebida. Já o segundo fez pouco caso dos conselhos. O tempo foi passando e as previsões do anjo se concretizaram. Contudo, o coração de alguns permanecia endurecido. Isso prova o amor de Deus mesmo diante da indiferença e frieza do homem.

Dias depois, chegara o momento marcado de reencontro com Nossa Senhora. Na hora combinada, o vidente e seu grupo deslocaram-se até o ponto das aparições. No entanto, desistiram devido à dificuldade de atravessar o rio por ele estar cheio. Que pena! As chuvas e atuais ventos fortes os quais eram as razões do fenômeno no rio ajudavam ao meio ambiente e ao homem do campo. Porém, impediam um encontro libertador. Por isso lamentavam muito de sua parte e contraditoriamente satisfeitos pelo socorro celestial. Estes dois opostos se complementavam e causavam um milagre divino.

Como opção para que não perdessem o passeio, os cristãos se espalharam ao redor das rochas nas margens do rio. A uma só voz, rezaram o Rosário e louvaram o senhor através de Cânticos novos. Nesse intervalo, o volume de água do rio diminuiu um pouco o que possibilitou a travessia do grupo. Porém, a bela dama não se apresentou causando frustração em alguns deles. Naquele instante, teriam que compreender que o tempo de Deus não era o mesmo do deles. Portanto, a única saída plausível era voltar para casa e foi isso exatamente o que fizeram.

Com os sequentes fracassos em ver a virgem santa, a descrença tomou conta de alguns. Entre eles, estava o vigário da paróquia. Contudo, se dispôs a ir ao local das aparições visando averiguar mais profundamente os fatos. E assim aconteceu. Em silêncio, a dupla foi driblando os obstáculos do caminho com uma força nunca dantes vista. Pareciam nunca cansar e estar em completo êxtase. Ao se aproximar do ponto designado, ele mudou a direção do olhar apontando para algo afirmando: "Este é o lugar que estava em meu sonho na noite passada." Uma espécie de felicidade preencheu o coração daquele pequeno pescador reafirmando aquilo em que acreditava: Maria estava presente ali. Aquele sim se tratava dum dia que entraria na história. Satisfeitos, oraram um pouco e depois foram embora cuidar de suas respectivas obrigações. Havia muita coisa a se fazer em prol da obra de Maria.

A QUARTA APARIÇÃO

Era o início do mês de setembro. Juntamente com amigos, o vidente retornou ao ponto das aparições. Assim que chegaram ao local, rezaram o Rosário. Ao final deste exercício religioso, puderam ver claramente um relâmpago. Em sequencia, ocorreu mais um. Foi quando a Imaculada Conceição apareceu na nuvem sob uma pequena àrvore. Veja como o médium a descreve:

"Ela estava vestida em uma túnica de cor creme pálido. Não tinha um véu, nem coroa, nem manto. Nenhum adorno ou bordado. O vestido era longo, com mangas longas, e tinha um cordão rosa na cintura. Seu cabelo caía até os ombros e era castanho. Os olhos também, embora muito mais claros, quase da cor do mel. Toda Ela irradiava luz. Parecia como a Senhora, mas era uma criança." Nisso o contato foi iniciado.

—O que a Senhora quer?

—Quero que rezem sempre o Rosário.

— Permita-se ser vista para que todo o mundo acredite. Estas pessoas que estão aqui querem vê-la.

— Não. É suficiente que você lhes dê a mensagem porque para aquele que acredita será suficiente, e para aquele que não acredita, mesmo que me veja ele não acreditará.

—Estávamos pensando em construir uma Igreja em sua honra. O que me diz sobre isso?

—Não. O Senhor não quer igrejas materiais. Ele quer templos vivos, que são vocês mesmos. Restaurem o sagrado templo do Senhor. Em vocês está a satisfação do Senhor.

—Eu desejo melhorar ainda como ser humano. Que valores são essenciais?

— Amem-se. Amem uns aos outros. Perdoem-se uns aos outros. Façam a paz. Não peçam por ela antes.

—O que faço com o dinheiro que me doaram?

—Faça uma doação para uma construção duma capela em Cuapa. Deste dia em diante, não aceite nem um centavo para nada.

—Onde podemos entrar em comunhão com Deus?

—Em si mesmos. A Igreja são vocês mesmos. As coisas materiais se chamam casas de oração.

—Eu devo continuar no catecumenato?

— Não. Não deixe. Sempre continue firme no catecumenato. Pouco a pouco você compreenderá tudo o que o catecumenato significa. Como um grupo da comunidade meditem sobre as beatitudes, longe de todo o barulho.

—Quando devo voltar aqui?

—No dia treze de outubro.

Dito isto, a nuvem se elevou levando consigo a santa. O grupo se despediu do local iniciando o retorno a suas respectivas casas. Iriam cumprir as obrigações faltantes com a certeza de que eram abençoados pela mãe de Deus. Viva Nossa Senhora!

A QUINTA APARIÇÃO

No dia oito, os devotos Marianos compareceram ao local das aparições prestando homenagem a sua mestra. Como sabido, a virgem não lhes apareceu, mas nem por isso deixaram de aproveitar o contato com a natureza aprendendo mais sobre o divino. Após um bom tempo, retornaram para suas casas prometendo voltar em outro dia.

A ocasião se deu no dia treze, onde as pessoas compareceram depois da devoção cotidiana na capela. No local, iniciaram o Rosário e entoaram louvores a Deus. No terceiro mistério, ocorre a formação dum círculo luminoso no chão. A luz vinha do céu e ao direcionar o olhar para cima, viram como se fosse um anel brilhante flutuando sobre eles. Que emoção sentiram as pessoas presentes!

Não demorou muito e seguiu-se o fenômeno dos relâmpagos. Nossa Senhora então se apresentou ao vidente pousando mansamente sobre as flores trazidas pelos romeiros.

—*Nossa Senhora está na pilha de rochas sobre as flores*—Avisou o vidente.

As pessoas fixaram o olhar na direção indicada. Alguns viram e outros não o que deixou o pastor um pouco contrariado.

—Abençoada seja, minha mãe! Poderia se mostrar aos outros?

—Não! Nem todos podem me ver!

Não satisfeito com a resposta, o pescador insistia.

—Senhora, permita que eles a vejam para que acreditem! Porque muitos não acreditam. Eles me dizem que é o demônio que aparece para mim. E que a virgem está morta e voltou ao pó como qualquer mortal. Permita que eles a vejam, Nossa Senhora!

A reação da rainha dos céus foi instantânea: Levantou as mãos ao peito, empalideceu, seu manto ficou cinza e sua expressão tornou-se triste e desconsolada. Lágrimas começaram a rolar de seu rosto como se fosse um pedido de socorro. Nisso, o seu servo tomou a iniciativa.

—Senhora, perdoe-me pelo que eu lhe disse! Sou culpado! A Senhora está brava comigo. Perdoe-me! Perdoe-me!

— Não estou brava nem ficarei brava.

— *E por que chora? Eu a vejo chorando.*

—Entristece-me ver a dureza do coração dessas pessoas. Mas você terá que rezar para elas para que elas mudem.

Esta resposta teve o poder dum terremoto devastador desestabilizando as emoções do empregado. Isso ocasionou um choro compulsivo nele. Em meio a este turbilhão de emoções, a santa continuou repassando as mensagens.

"Rezem o Rosário, meditem os mistérios. Ouçam a Palavra de Deus que está neles. Amem-se. Amem uns aos outros. Perdoem uns aos outros. Façam a paz. Não peçam por paz sem fazer a paz; porque, se vocês não a fazem, não é bom pedir por ela. Cumpram suas obrigações. Ponham em prática a Palavra de Deus. Procurem maneiras de agradar a Deus. Sirvam o seu próximo, pois dessa forma vocês o agradarão."

— Senhora, tenho muitos pedidos, mas me esqueci deles. Há muitos. A Senhora sabe todos eles.

—Eles me pedem coisas que não são importantes. Peçam por fé para que tenham a força para que cada um possa carregar sua própria cruz. Os sofrimentos deste mundo não podem ser suprimidos. Os sofrimentos são a cruz que vocês devem carregar. A vida é assim. Há problemas com o marido, com a esposa, com os filhos, com os irmãos. Falem, conversem para que esses problemas sejam resolvidos em paz. Não se voltem à violência. Jamais voltem à violência. Rezem pela fé para que tenham paciência.

—Entendi bem. Cada qual deve aceitar sua cruz!

—Você não mais me verá neste lugar.

—Não nos deixe, minha mãe!

—Não fique aflito. Estou com todos vocês embora não possam me ver. Sou a Mãe de todos vocês, pecadores. Amem-se. Perdoem-se. Façam a paz, porque se não a fizerem não haverá paz. Não se voltem à violência. Jamais se voltem à violência. A Nicarágua tem sofrido muito desde o terremoto e continuará a sofrer se todos vocês não mudarem. Se vocês não mudarem, apressarão o início da Terceira Guerra Mundial. Reze, reze, meu filho, pelo mundo todo. Uma mãe nunca se esquece de seus filhos. E eu não me esqueci do que vocês sofreram.

Dito isto, se elevou gradativamente aos céus. Ficara como marca a certeza de que Nossa Senhora nunca os abandonaria como ela própria prometeu. Graças e louvores a virgem dos céus.

Nossa Senhora rainha e mensageira da paz
Jacareí-Brasil (1991-2017)

Jacareí se localiza a cem quilômetros de são Paulo-Capital. A via de acesso ao local é através da Rodovia BR-116, trecho que liga São Paulo ao Rio de Janeiro.

A cidade é consagrada a Nossa Senhora Imaculada Conceição antes mesmo da proclamação oficial do dogma da Imaculada Conceição.Pela providência divina, foi escolhida para ser a sede de aparições importantes das forças celestes. Bendita seja a Nossa mãe!

PRINCIPAIS MENSAGENS EM JACAREÍ

- Meu filho, Meu filho! É preciso santificar-se. A santidade é um caminho difícil, mas... o seu fim é real e glorioso.
- Venho pedir orações feitas com Amor. Oração que leve os homens a compreender o Amor.
- Concentre-se na oração, viva com humildade.
- Desejo que você me ame cada vez mais, que me ofereça cada vez mais seu coração. Ame a DEUS sobre todas as coisas, perdoe sempre e cada vez mais seus ofensores.
- Dê-me cada vez mais seu coração... Diga a meus filhos que continuem rezando com Amor e Confiança; não percam a Esperança em DEUS!
- Olhe meu Coração, cercado de espinhos e dores... Levo no Meu Coração seus sofrimentos, ofereço-os ao Senhor no Meu Coração.
- Continuem rezando o Santo Terço... Ele é a minha oração predileta, é a corrente com a qual se prenderá satanás, e renovará a face do mundo inteiro!
- Peço que se amem. Vão à Mesa da Eucaristia para receber o Alimento Eterno!
- O Terço deve ser acompanhado de arrependimento! Que haja contrição no coração!
- Meus filhos, desejo-lhes a minha Paz! Rezem! Rezem! Peçam perdão pelos pecadores.
- Rezem com o coração! Abram-se a DEUS e ao seu AMOR!... Vivam felizes e que a Paz encha suas vidas.
- Plantem a Paz em vocês mesmos, e difundam aos outros esta Paz. Eu os amo e quero dar-lhes a Minha Paz do Céu! Eu os abençoo.

- Rezem e vivam a Paz em seus corações. Plantem-na em seus corações e vivam com Amor. Quando se sentirem confusos, rezem, peçam a Luz do Espírito Santo, leiam o Evangelho, e tudo ficará claro.
- Se vocês quiserem me fazer feliz, rezem continuamente pelos pobres pecadores.
- Eu também rezo ao meu Filho Jesus, para que me conceda as Graças necessárias para ajudá-los! Sigam o meu exemplo, e rezem também.
- Vocês não podem alcançar Graças se não rezam! E, quando forem pedi-las, peçam sempre que seja feita a vontade de DEUS, e não a vontade de vocês.
- Satanás está solto no mundo procurando arrastar todas as almas ao pecado e a condenação. A única defesa dos cristãos contra ele é com muita oração e jejum.
- Estou chorando porque os pecados do mundo são muito grandes, e porque os meus pedidos não são atendidos. Muitas almas estão se condenando e um Grande Castigo cairá sobre a face da terra... Rezem muito!

Nossa Senhora Imaculada Conceição Aparecida
RESERVA-BRASIL-1995

Elizete, Juliano, Janaina e Alice eram quatro estudantes da zona rural. Diariamentem, uma dupla de estudantes deslocava-se até uma fonte onde iam lavar as louças da merenda. Numa dessas ocasiões, a jovem Elizete surpreendeu-se ao ver uma luz muito linda e dela sair um homem. Vendo que a menina se assustara, ele a tranquilizou:

—Não tenha medo! Meu nome é Gabriel, o anjo da paz. Volte aqui daqui a três dias e terá uma surpresa. Não conte a ninguém sobre isso!

—Entendi! Está bem!

O anjo desapareceu e a jovem voltou para a escola indo concluir a aula do dia. Conforme combinado, ela retornou na data especificada. Viu novamente a luz só que em forma de Nossa Senhora aparecida. Curiosa, tentou tocar na imagem. Nisso ela moveu-se! Com medo, se afastou. Foi quando ouviu:

—Não tenha medo! Eu sou a mãe do céu, a mãe de Jesus!

Mesmo assim, não teve coragem de voltar. A partir desse dia, ela passou a agir estranhamente o que chamou a atenção de sua professora. Confiando nela como amiga, revelou o segredo e a partir daí alguns jovens se reuniam indo rezar no local das aparições.

Iniciou-se uma série de visões onde a Rainha dos céus se apresentou a várias pessoas.

PRINCIPAIS MENSAGENS EM RESERVA

- Queridos filhos não assistam novelas, programas de terror, filmes e desenhos. Cuidado! O inimigo tem muitos planos para destruir as famílias e isso me deixa muito triste. Amo muito vocês. Não acompanhem a moda. Rezem por aqueles que só pensam nas coisas deste mundo. Abençoo a todos. Amém.
- Jesus está feliz com as pessoas que rezam, tem fé e pedem. Convido vocês para estarem um dia comigo no paraíso, a morada de Deus. Meus filhos, em nome do meu Filho Jesus, agradeço por todos que rezam o Rosário nesse lugar, e peço para que rezem por aqueles que não rezam. Só o Espírito Santo iluminará vocês para chegarem cada vez mais perto de Deus. Meus filhos, quando Jesus voltar não quer encontrar seus filhos nos vícios, renunciem ao fumo, álcool e drogas. É pela oração que sereis libertos. Jesus quer salvar todos do pecado, Ele morreu na cruz para salvar a todos e continua curando e

libertando de todo o mal. Agradeço e abençoo a todos. Amém.
- Queridos filhos a volta de meu filho Jesus está muito próxima, quando Ele voltar que seus filhos estejam preparados, não dormindo na fé. Filhos, Jesus vai derramar o Espírito Santo sobre vocês. Rezem e peçam. Cuidado com satanás para não destruir meus planos. Deixem sempre o coração aberto para Jesus entrar. Amém.
- Queridos filhos peço mais uma vez rezem o Rosário; satanás não chega perto de quem reza comigo. Sejam fortes estarei sempre com vocês nas provações. Vos abençoo. Amém.
- Filhinhos obedeçam a seus pais. Meus filhos, no fim meu coração triunfará. Rezem, Rezem. Amém
- Rezem por aqueles que pedem orações, pelas crianças da rua e pelos doentes, abençoarei a todos. Rezem, rezem este é o meu pedido.
- Filha querida vai sempre na catequese, nas missas, você terá sempre a minha proteção. Agradeço a todas as pessoas que rezaram ontem mil Ave-Marias. Obrigada pelos sacrifícios, orações que fizeram e ofereceram para mim e para meu filho Jesus. Para todos minha benção materna e iluminação do Espírito Santo. Amém.
- Queridos filhos o Sagrado Coração de Jesus é a fonte de todo amor. Rezem e se consagrem todos os dias ao Seu Coração. Amém.
- Queridos filhos eu sou a Rainha da Paz, a Mãe de todos vocês. Apressai, apressai na conversão; rezai, rezai pela conversão dos pecadores. Desejo a paz para todos. Amém.
- Filhos vim na terra para pedir que rezem e, ensinar a todos rezar especialmente o Rosário que é minha oração

simples. O meu amor por vocês é tão grande. Abençoo-vos. Amém.
- Queridos irmãos acolhei a minha mãe, acolhei a mim. Os meus levarei comigo um dia. Amém.
- Filhos amados, peço oração, penitência e jejum pela conversão dos jovens. Amém. Dou a minha paz.
- Queridos filhos sejam sempre felizes Jesus está sempre com vocês nas provações. Sejam obedientes e rezem. Filhinhos rezem nesse tempo de carnaval, meus filhos ferem meu coração e o coração de meu filho Jesus. Nesses dias rezem mil Ave-Marias em reparação dos pecados cometidos. Amém.
- Queridos filhos, eu vos desejo a paz. Vivam na caridade e no amor. O amor é a luz da conversão. Filhos, Jesus é o caminho da luz, meu desejo é que todos se salvem do pecado. Rezem filhinhos.
- Hoje mais uma vez convido a todos a conversão, façam penitências, orações e jejum nas quartas e sextas-feiras. Escolhi vocês filhos para vós pedir: Rezem, rezem, rezem.
- Filhos queridos estou vindo do céu a terra para salvar os meus filhos. Sou a Padroeira do vosso Brasil, a vossa Mãe Imaculada Conceição Rainha da Paz.
- Irmãozinhos o meu amor é tão grande por vocês. Desejo a cada um, a minha paz o meu amor. Derramo em seus corações a minha paz. Amém.
- Queridos filhos convido-vos para aceitar a paz e rezar pela paz. Amém.
- Queridos filhos Jesus é a luz do mundo. Vivam na caridade e no perdão. Façam tudo que vos peço e sejais santos como vosso Pai do Céu é Santo. Amém.
- Sejam como crianças no meu colo. Amem a Deus, amem ao próximo e perdoem –se como irmãos. Nesse dia especial quero pedir para apressar na conversão. Façam pen-

itências, jejuns e orações. A volta de Jesus está próxima. Abençoo-os. Amém.
- Queridos filhos estou no meio de vocês, peço para que rezem pelo Papa João Paulo II, pelos Bispos e pelos Sacerdotes. Darei a paz para todos. Amém.
- Filhos queridos rezem, rezem, rezem. Jesus morreu na cruz pelos pecadores. Meditem sobre o sofrimento e morte de Jesus por nós. Eu os abençoo. Amém.
- Queridos filhos choro lágrimas de sangue por meus filhos se converterem, mesmo assim muitos não aceitam a conversão. Por isso filhinhos amados, rezem e rezem pela conversão dos pecadores, pelos corações duros como pedra. Amém. Amém.
- Filhinhos, hoje eu os convido a ajoelhar-se aos pés de meu filho Jesus que está no sacrário e adorá-Lo. Adorem, adorem. Amém.
- Filhinhos queridos, estou no meio de vocês e os convido a rezarem cada vez mais. Não desanimem nas provações. Dá-los-ei forças. Abençoo a todos.
- Queridos filhos venho aqui hoje, para trazer a minha paz. Rezem pelos que os criticam, pelos que não me aceitam. Sou Mãe de todos entregue por meu filho Jesus. Abençoo a todos. Amém.
- Queridos filhos, hoje eu peço que rezem pelas famílias, pelos consagrados ao meu coração.
- Queridos irmãos vocês estão vivendo num tempo de graças e de muitas tribulações. Rezem. Os abençoo. Amém.
- Queridos filhos, peço para se converterem a meu filho Jesus. Amem ao seu próximo. Façam o que peço. Amo a todos. Amém.
- Queridos irmãozinhos a paz de Nosso Senhor Jesus Cristo estejam com vocês. Estarei sempre com vocês, em todos

os perigos orai todos comigo e não temam, creiam somente. Sou o anjo da paz meu nome é Gabriel Arcanjo.
- A paz esteja com vocês. Queridos filhinhos tenham fé viva e verdadeira. Só suas orações, ajudarão nestes dias que vocês estão vivendo. Amo-os muito e não desanimem. Rezem sempre. Os abençoo. Amém.
- Queridos filhos consagrem-se ao meu Imaculado Coração e de meu filho Jesus. Tenho pressa que se convertam. Quando vocês louvam a mim e ao meu filho, os anjos fazem festa no céu. Amo todos vocês e os abençoo. Amém.
- Queridos irmãos convertam-se, convertam-se, pois, os tempos estão breves. Amo a todos e os abençoo em nome da Santíssima Trindade. Pai, Filho e Espírito Santo. Amém.
- Queridos filhinhos a paz de meu filho Jesus e meu amor estejam sempre em seus corações. Todos os dias estou ao lado de vocês, vejo-os rezando, trabalhando, eu sou a Mãe do amor. Por isso recebam em seus corações o meu amor de Mãe. Estou muito feliz com quem está rezando e convertendo-se. Agradeço pelas flores que me trazem. Acolham as minhas graças e bênçãos. Nunca esqueçam amo muito vocês. Amém.
- Filhinhos, choro por meus filhos que não querem saber de Deus. Sempre intercedo a Jesus por todos os meus filhos. Intercedo que até o dia do castigo meus filhos se convertam. Peço para meus mensageiros transmitirem minhas mensagens. Filhos, preciso de suas orações, sacrifícios, para me ajudar.
- Filhinhos queridos, hoje mais uma vez peço a conversão e para rezarem mais, porque no mundo de hoje muitos querem saber mais que Deus. Muitos dos meus filhos estão se perdendo, trocam a verdadeira Igreja de Jesus

Cristo, por falsas religiões e seitas. Peço que rezem pelos Padres, pelos Bispos para que não desanimem na caminhada.
- Irmãos meus Eu sou o Deus vivo e verdadeiro, acreditem na Eucaristia. Estou presente e sou o próprio Jesus. Dou a minha paz para todos. Amém."
- Filhinhos muitos daqui estão machucando meu Imaculado Coração. Amo todos com amor materno. Peço que vos convertam, pois, os tempos estão se aproximando. Vão as missas. Rezem pelas almas do purgatório. Quando choro o inferno pula de alegria. Como Mãe do céu acolho todos em meu coração. Não pensem que o maligno está dormindo, ele está cada momento querendo dominar vocês. Rezem para me ajudar a fechar as portas do inferno. Muitos, muitos filhinhos não acreditam mais na Eucaristia. Acreditem recebam Jesus enquanto podem receber em seus corações na comunhão, pois quando o falso papa se sentar na cadeira ele proibirá a eucaristia e a confissão e muitas outras coisas. Me ajudem. Amém. Amém.
- Queridos filhos é com alegria que transmito essa mensagem. Jesus está pedindo que rezem, que se convertam, Jesus tem pressa, pois a Sua volta está próxima. Rezem muito pelo Santo Padre o Papa João Paulo II para que tenha força e fé nessa caminhada. Eu, Mãe de Jesus, vos abençoo em nome da Santíssima Trindade. Pai, Filho e Espírito Santo. Amém.
- Trago-os esta mensagem com muito amor e alegria. Rezai o Santo Rosário com fé, amor e devoção. Entregai a Deus os seus corações. Ele ouve as suas orações. Jesus quer ser adorado no Santíssimo Sacramento. Eu os abençoo em nome da Santíssima Trindade, Pai, Filho e Espírito Santo. Amém.

- Queridos filhos, hoje desço do céu para os abençoar. Sou a Imaculada Conceição Aparecida Rainha da Paz e quero pedir para se consagrarem ao Sagrado Coração de Jesus e ao meu Imaculado Coração. Tenho enchido seus corações de paz e alegria. Estou feliz com vocês, pois amo a todos com amor materno. Abençoo a todos em nome da Santíssima Trindade. Amém. Agradeço por corresponder ao meu apelo.
- Queridos filhos, hoje nasceu meu filho Jesus para salvá-los do pecado. Muitos nesse dia nem lembram que Deus existe. Só pensam em festas, diversões e nem lembram de rezar o Terço, pois só pensam nas coisas do mundo, por isso eu peço que se convertam para ganhar o céu. Nós a Sagrada Família abençoamos a todos. Amém. Pai, Filho e Espírito Santo.
- Queridos filhos, a paz esteja em seus corações. Hoje desço do céu para pedir que se convertam o quanto antes, pois a volta de Jesus está próxima.
- Queridos filhos, hoje é com muito amor que dou essa mensagem. Amo muito vocês e peço que não desanimem nessa caminhada, estou com vocês e os abençoo, em nome do Pai, Filho e Espírito Santo. Amém. Meus filhos, eu peço que rezem o Rosário todos os dias pois ele amarra satanás. Estou sempre com vocês. Amém.
- Filhos amados meus, estão se aproximando os castigos. Convertam-se o mais breve possível porque senão irão para o fogo eterno. Convertam-se. Eu quero leva-los comigo para o céu. Oh filhos, como eu choro por aqueles que não acreditam, e nem querem saber de Deus. Eu amo muito vocês e os abençoo. Amém.
- Filhos é com muita alegria que estou aqui hoje para lhes pedir, que se dediquem mais nas orações, que façam jejum nas quartas e sextas-feiras, que façam penitências,

por essa obra. Tomem cuidado com o inimigo, porque nesses dias virão muitas provações. Sempre estarei com vocês. Abençoo-vos. Amém.

- A paz de meu filho Jesus e a minha paz permaneçam com vocês. Filhos, agradeço por levantarem esta cruz como sinal da minha vitória, e da derrota de satanás. Eu e meu filho Jesus, estávamos presentes os ajudando. Depois de cessarem as minhas aparições, peço-vos que continuem com a devoção da primeira sexta-feira do mês em desagravo ao Sagrado Coração de Jesus, o primeiro sábado do mês dedicado ao meu Imaculado Coração e do primeiro domingo dedicar aos dois corações: Jesus e Maria. Quero que este lugar seja transformado como numa pequena Medjugorje. Abençoo-vos. Amém.
- Filhos queridos desço do céu para lhes dizer: quero que continuem rezando todos os dias, aqui na minha gruta e não deixem de viver as minhas mensagens. Elas estão levando vocês meus filhos para o caminho do céu. Não quero que abandonem o que Jesus e eu já ensinamos para vocês. Meus filhos, um dia vocês prestarão conta sobre isso, por isso rezem e procurem viver o que lhe ensinamos. Filhos, agradeço a todos aqueles que estão aqui nos ajudando nesta obra. Quero que continuem e não parem. Jesus e eu lhe agradecemos por tudo. Deixo a minha benção para todos vocês. Amém.
- Filhinhos meus, quero acolhê-los hoje a todos vocês em meu Coração Imaculado, e no coração de meu filho Jesus. Filhos, não esqueçam de continuar vindo aqui neste lugar tão simples, que eu escolhi para dar minhas mensagens. Todos os consagrados aos Nossos Corações estão guardados em meu Imaculado Coração e no Sagrado Coração de meu filho Jesus. Hoje venho com alegria e muito amor para dar-lhes esta mensagem. Não es-

queçam: rezem sempre o Rosário com devoção. Agradeço, meus queridos filhos por estarem mais um dia reunidos louvando ao meu coração e ao de meu filho Jesus. Hoje derramarei muitas graças sobre todos vocês meus amados. Continuem fazendo jejuns e penitências, vão sempre a Santa Missa, comunguem e confessem. Aproveitem, pois, os tempos estão breves. Eu sou a Rainha da Paz. Não desanimem. Vivam as minhas mensagens e não somente as ouçam. Meu amor por vocês não tem fim. Acreditem nos meus sinais dados aqui. Não estarei mais com vocês visível fisicamente, mas sempre estarei com vocês em todos os momentos de suas vidas. Estou muito feliz com vocês, por isso choro de alegria. Abençoo-os em nome do Pai, do Filho e do Espírito Santo. Amém."

- Meus filhos, geração minha, hoje venho vos anunciar com amor as minhas mensagens para a vossa conversão. Meus amados irmãos, povos me ouçam com atenção essa mensagem e vivam colocando-a em prática. Aproveitem este tempo para me receber, com amor na Eucaristia. Amo-os e peço-lhes que rezem o Rosário em família. Façam jejuns e penitências reparadoras, pois muitos homens e mulheres estão pecando contra meu Coração Sacratíssimo. Não quero que os homens se comportem como se fossem mulheres e as mulheres como se fossem homens. Atendam este meu urgente pedido, pois amo muito vocês. A minha vinda gloriosa está muito próxima. Deixo a minha benção. Amém.

MILAGRES RELATADOS
- Cura de reumatismo sanguíneo;
- O mudo conseguiu falar;
- Deixou o vício do cigarro;
- Câncer que foi dissolvido;

- A doente mental que aprendeu a ler a escrever instantaneamente;
- Cura da alergia;
- Cura duma criança com má formação do canal do esôfago;
- Cura da fimose e do problema do coração duma criança;
- Melhora no estado emocional duma jovem.

Capítulo Especial

Nossa Senhora sempre me acompanhou na minha trajetória sobre a terra. Mãe maternal e conselheira, objetiva meu bem a todo custo e é isso que ela deseja para sua vida. Abaixo, segue algumas das minhas experiências espirituais e encontros com a mãe de Deus.

DEBAIXO DUMA ÁRVORE

Era quase meio-dia. Apesar do calor, o ambiente era tranquilo e aconchegante por estar entre as árvores do jardim duma praça. Estava pensando na vida e nas dificuldades quando subitamente uma mulher bela, forte e idosa se aproximou. Sorrindo, ela questionou:

—Acredita em Deus, meu filho?

—Sim, eu creio.

Então sem pedir permissão ela colocou sua mão direita na minha testa orando:

—Que o poder e a glória do criador te cubra e o ilumine.

Nesse mesmo instante, senti uma paz e alegria profundas. Era como se eu sentisse completo. Instantes depois, a senhora se despediu de mim gentilmente. Acompanhei-a um pouco até que sem explicação desapareceu da minha visão. Tentei procura-la, mas sem êxito. Simplesmente tinha evaporado. Atribuí esta presença a Mãe de Deus como voto de fé.

NA CASA LOTÉRICA

Estava fazendo alguns jogos a fim de tentar a sorte como qualquer cidadão comum. Na fila, antes de fazê-lo, e apareceu a figura duma mulher mulata vestida com frangalhos. Ela me encarou e pediu:

—Pode me ajudar jovem, com alguns trocados?

Nossos olhares se trocaram nela sentindo uma plena confiança. Sorrindo, eu disse:

—Sim. Eu posso!

Eu dei-lhe algumas moedas do meu bolso. Agradecendo, ela ficou por ali a tentar a sorte. Aproximei-me do guichê de atendimento e paguei minha conta. Ao sair, não pude ver mais minha benfeitora. Perguntando a alguns presentes sobre ela, simplesmente disseram não ter visto tal mulher. No meu íntimo, meu coração palpitou! Será que......! Não havia dúvidas de que era a mãe de Deus testando a minha bondade e graças a Deus correspondi suas expectativas.

NA LOTAÇÃO

Era um dia como outro qualquer. Estava dentro da lotação esperando chegar mais passageiros quando uma bela madame chegou. Ela sentou ao meu lado e abriu um belo sorriso. Senti intimamente ligado aquela estranha sem nenhuma explicação real. Parecia que nos conhecíamos a muito tempo. Sem poder, resistir iniciei o contato:

—Tudo bem, Senhora?

—Estou bem e você?

—Levando a vida. Como se chama e onde moras?

—Meu nome é Maria e moro em Belo Jardim. Sou casada e tenho três filhos.

—Que bom! Meu nome é Aldivan e sou daqui próximo. Moro com minha mãe e irmãos.

—Ah, você ainda tem mãe? Que coisa boa. Eu já perdi minha mãe. É tão triste. Mãe é a coisa mais importante da nossa vida, não é?

—Sim. Mães nunca morrem. Elas sempre estão conosco duma forma ou de outra.

—Agora que você me disse isso eu me emociono! Quer dizer que voltarei a encontrar minha mãe depois que eu morrer?

—Antes e depois.

—Que bom! Você tem alma de criança. Deve ser um menino bom!

—Com meu trabalho, ajudo dez pessoas diretamente e milhares indiretamente através do serviço público. Eu me sinto realizado.

—Que maravilha!

—Qual sua religião?

—Sou católica. Um dos meus filhos é carpinteiro, ofício do pai. Nós somos uma família muito unida, sabe? Eu tenho um projeto e através dele ajudo muitas pessoas.

—Que legal! Também gostaria de participar dum projeto assim. Mas ás vezes falta tempo.

—Não fale assim! Às vezes apenas uma palavra basta para ajudar o próximo.

—Entendi. Eu não sei como, mas me sinto muito à vontade com você.

—Que bom! Eu também! Deve ser porque luz atrai luz, não é?

—Isso!

—Olha! Adorei te conhecer! Eu sei que em algum momento seus sonhos serão realizados. Você é um menino muito bom!

—Eu amei conhecer a senhora também!

—Obrigada!

O carro parte e nos conservamos em silêncio durante o percurso. Ao me despedir dela, ficou um rastro de saudade. Encontrei naquela mulher uma verdadeira face de Maria. Uma verdadeira mãe! Viva Nossa Senhora!

MILAGRES PESSOAIS

Obtive dois milagres através da intercessão de Nossa Senhora: Um problema respiratório e outro vascular. Nas duas vezes, senti a mão de Deus me curando o que me emocionou muito. O meu exemplo é prova para que todos acreditem no amor de Deus e de sua mãe pela humanidade. Viva Maria!

Mensagem recebida quando iniciei a escrita do livro

"Estou muito feliz com sua decisão. Vou te proteger e te dar muita paz!"

Aqui me despeço após esse maravilhoso relato com a certeza da missão cumprida. Que o nome da mãe de Deus seja engradecido cada vez mais!

Fim

www.ingramcontent.com/pod-product-compliance
Lightning Source LLC
LaVergne TN
LVHW040141080526
838202LV00042B/2986